小学校英語サポートBOOKS

イラストと音

読み書きが苦手な子のためのアルファベットワーク

小野村 哲 著

明治図書

はじめに

みなさんは，初めて自転車に乗れた日のことを覚えていますか。もちろん個人差はあると思います。しかし多くの人は，乗れるようになるまでの苦労を忘れてしまっています。

「読み，書き」についても同じことが言えます。難しさを忘れてしまった私たちには，そこでつまずいている子のしんどさが理解しにくくなります。アルファベットはたったの26文字ですがｂ/ｄ/ｐ/ｑやｆ/ｔなど形の似た文字を混同する子もいます。

難しさへの理解を深める　スモールステップを踏む　得意を生かす

そこで本書では，読み書きの難しさを疑似的に体験し，つまずきへの理解を深めていただくことから始めます。Chapter1では，子どもたちがくらしの中でよく見聞きするアルファベットを取り上げます。くらしの中で主体的に学び取る習慣を身につけることも，この章の大きな目的の１つです。

Chapter2，Chapter3では，日本の子どもたちにとってより身近な大文字，そして小文字の順で練習します。大文字のＦはFlag：旗，小文字のｈはhorse：馬 など文字を絵の中に組み入れることで，文字の形を強く印象付けられるようにしています。さらに小文字は「２階からたて棒，ひと山でｈ」など，書き順を言葉で説明しています。

英語を日常語とする子どもたちと，「日本語の音」を身につけ，「文字」を読み書きし始めている子どもたちとでは，練習方法や指導をする上でのポイントにも違いがあって当然です。個人として見たときにも，目からのヒントに強い子には絵を使って，耳からのヒントに強い子には文字形を言葉で説明するなど，それぞれの得意を生かした練習をご紹介します。

キーボード入力に慣れる　音に関する気づきをうながす

ICT環境の整備が進んでいます。Chapter4では，タイピング入力の練習を通して「アルファベットに慣れ親しむこと」，そして「音の足し算・引き算に慣れ親しむこと」を目的とします。

ローマ字は英語学習の妨げになるという声もあります。詳しくは後でお話ししますが，マイナス面とプラス面を比べればプラスが圧倒的に大きいことは間違いありません。

最後になりましたが，本冊の子ども用ワークシートにはあえて番号をふっていません。子どもたちの達成状況を見ながら，合間の時間を生かすなどして活用いただければと思います。

2020年10月

小野村　哲

Contents

はじめに

序章 読み書きが苦手な子へのアルファベット指導のポイント

なぜ，どこが難しいのか……006
苦手を防ぐ指導のポイント……011
こんなときどうする……013

Chapter 1 アルファベットに親しむワーク

1 くらしの中の ABC……016
よめるかな……017
線で結ぼう／正しいのはどれ❶……019
線で結ぼう／正しいのはどれ❷……020
線で結ぼう／正しいのはどれ❸……021
2 ＡＢＣオーダー（アルファベット順）……022
順番に指さしながら言ってみよう（大文字／小文字）……023
タイピングしてみよう❶……024
タイピングしてみよう❷……025
3 大文字と小文字……026
線で結ぼう❶……027
線で結ぼう❷……028

Chapter 2 アルファベット・大文字の練習ワーク

大文字練習ワーク活用のポイント……030
Ａ・Ｂの練習ワーク……033
Ｃ・Ｄの練習ワーク……035
Ｅ・Ｆの練習ワーク……037
Ｇ・Ｈの練習ワーク……039
Ｉ・Ｊの練習ワーク……041
Ｋ・Ｌの練習ワーク……043
Ｍ・Ｎの練習ワーク……045
Ｏ・Ｐの練習ワーク……047
Ｑ・Ｒの練習ワーク……049
Ｓ・Ｔの練習ワーク……051
Ｕ・Ｖの練習ワーク……053
Ｗ・Ｘの練習ワーク……055
Ｙ・Ｚの練習ワーク……057
Column 同じ発音を含む文字……058

Chapter 3 アルファベット・小文字の練習ワーク

小文字練習ワーク活用のポイント……060
ｃ・ｏの練習ワーク　大文字とそっくりな文字……063

s・xの練習ワーク　大文字とそっくりな文字……065
v・wの練習ワーク　大文字とそっくりな文字……067
z・pの練習ワーク　大文字とそっくりな文字……069
a・eの練習ワーク　どこか似ている文字……071
m・nの練習ワーク　どこか似ている文字……073
r・uの練習ワーク　どこか似ている文字……075
b・dの練習ワーク　どこか似ている文字……077
h・kの練習ワーク　どこか似ている文字……079
f・lの練習ワーク　どこか似ている文字……081
t・iの練習ワーク　どこか似ている文字……083
j・yの練習ワーク　どこか似ている文字……085
g・qの練習ワーク　どこか似ている文字……087
Column　■の中に文字を書いてみよう……088

Chapter 4　ローマ字のタイピング練習ワーク

一石三鳥　タイピング練習……090
●タイピング練習の手引き……094
ホームポジションをたしかめよう……095
タイピングしてみよう　ア行……096
タイピングしてみよう　カ行……097
タイピングしてみよう　サ行……098
タイピングしてみよう　タ行……099
タイピングしてみよう　ナ行……100
タイピングしてみよう　ハ行……101
タイピングしてみよう　マ行……102
タイピングしてみよう　ヤ行・ワ行……103
タイピングしてみよう　ラ行……104
タイピングしてみよう　ガ行……105
タイピングしてみよう　ザ行……106
タイピングしてみよう　ダ行……107
タイピングしてみよう　バ行……108
タイピングしてみよう　パ行……109
タイピングしてみよう　応用編（A+U）……110
タイピングしてみよう　応用編（I+O）……111
タイピングしてみよう　応用編（U+E）……112
タイピングしてみよう　応用編（E+I）……113
タイピングしてみよう　応用編（O+A）……114
タイピングしてみよう　発展編A……115
タイピングしてみよう　発展編I……116
タイピングしてみよう　発展編U……117
タイピングしてみよう　発展編E……118
タイピングしてみよう　発展編O……119

序章

読み書きが苦手な子への
アルファベット指導の
ポイント

なぜ，どこが難しいのか

1 シンプルだからこそむずかしい

子どもたちを見ずして，良い指導などできるはずがありません。しかし，一人ひとりの子どもたちが「今，どのあたりにいるのか」，「何が上手にできて，何に，なぜ，どの程度の難しさを感じているのか」など，理解することはとても困難です。だからといって「わからない」では何も始めることができないわけですが，「わかったつもり」でいれば見る姿勢からして損なわれ，見えるはずのものも見えなくなってしまいます。

漢字と平がなが混ざった日本文と比べれば，アルファベットで書かれた英文はずっと簡単なはずですが，それが意外と難しいことは多くのみなさんが感じているところだと思います。しかしアルファベットそのものは漢字や平がなよりもずっと簡単で，中学生はもちろん，小学生でもさほど練習を必要としないと思っている方も少なくないのではないでしょうか。たしかにａもｂ／ｃ／ｄも形はシンプルで，とりあえず書くことは簡単そうです。しかしシンプルだからこそ，これが文字として認識できなかったりbadとdabを混同したりする子もいます。

2 文字が文字に見えない

私が出会った子の中には，駐車場の出口などによく書かれているoutを「（ひとかたまりの）絵だと思っていました」といった子がいました。そこでみなさんにも同じような体験をしていただきたいと思います。すでにアルファベットに慣れ親しんでいるみなさんには，**図1**は文字にしか見えないと思いますが，**図2**，**図3**はどうでしょう。

図1

abcd

図2

図3

文字を文字として認知できないということは，読むことにも大きな影響を与えます。『自閉症という知性』（池上英子：NHK 出版，2019）の中では，**図2**のような「明朝体が苦手」だという女性が紹介されています。彼女はいわゆる非定型インテリジェンスの持ち主です。細かいところにまで必要以上に目が行ってしまう彼女には，「トメ，ハネ，払いがついた明朝体は図形のように見えてしまう」のだそうです。**図3**の書体でも「トメ，ハネ」が強調されていますが，ここではさらに１画目と２画目を塗り分けてみました。１画ずつを色で分けたりすると，文字が全体として把握しにくくなることもあるようですが，みなさんにも「文字が文字に見えない」ということをいくらかでも体験いただけたでしょうか。

3　形が似た文字を混同してしまう

小学校入学前の子どもたちは，「し」をＪと混同するなど鏡文字を書くことが少なくありません。大人になっても，道案内をしたりされたりが苦手で左右をよく間違えるという人もいます。みなさんとても優秀な方ですが，私の知人には「つ」と「く」や「し」を混同して「つくした」を「くつした」などと読み間違えたり，「漢字は得意だけど，カタカナが苦手」だという人もいます。

みなさんの周りには，「漢字よりもアルファベットが苦手」だという方もいらっしゃらないでしょうか？　そうしてみるとｂとｄ，ｐとｑなどを間違えるのはある程度理解できるような気がしますが，小学中高学年までの子どもたちの中にはｈ／ｎ／ｒなどを混同する子も少なからずいます。そこで今度は**図４・５**をご覧になってください。

図4

図5

何のことはありません。どちらも「タックス」です。tの字形は違っていますが，私たちはtの縦棒の下部がまっすぐであろうと曲がっていようと「どうでもいいこと」だと知っています。しかし**図4**のtと**図5**のtのわずか（？）な違いに気づいた子の中には，これを「違う文字」だと認識してしまう子もいます。

そして今度は**図6**をご覧いただきたいのですが，ここでは反対にtとfとのわずか（？）な違いを「どうでもいいこと」だと見過ごす子がいたとしても，当然ではないでしょうか。最初に「アルファベットはシンプルだからこそ難しい」といったわけをご理解いただけたのではないかと思いますが，もう少し疑似体験を続けたいと思います。

図6

fax

4 カテゴリー化することの難しさ

平がなでもうなぎ屋さんの看板の「う」などは，ときに文字ではなく「うなぎの絵」のように書かれていることがあります。アルファベットにも実に様々な書体があって，よく考えてみると幼い子どもたちが文字を識別できるようになることの方が不思議にも思えてきます。

そこで今度は，**図7**をご覧ください。ここにいるのは何ですか？

図7

図8

そう，カメです。では，これらはみな同じカメですか？　**図8**はどうでしょう？　首を出していようが引っ込めていようが，これも同じカメですか？

答えは「同じといえば，同じ」といったところでしょうか？ ここで改めて考えていただきたいのは，「同じだ」とすることの難しさです。**図7**の中のカメはみな同じカメですが，向きが違っています。これをそれぞれp / b / q / dという文字として見たらどうでしょう。同じだとは言えなくなります。同じように**図8**をa /dと見たらどうでしょう。カメは右を向いていようが左を向いていようが，首を出していようとも引っ込めていようともカメです。しかし文字はそうはいきません。pをひっくり返せばqになってしまいますし，dが首を引っ込めればaになってしまいます。こうして考えると，子どもたちがb / d / p / qなどの文字を混同するのも当然かと思われます。

図9

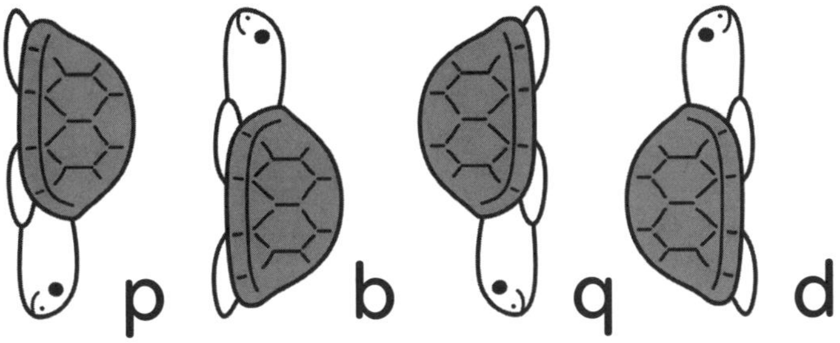

もし，まだ幼かったあなたが，**図10**のように文字を並べて見せられ「どれとどれが同じですか？」と聞かれたら，すんなりと答えられたでしょうか？　子どもたちに限らず大人でも，初めてアルファベット文字を見たという人に同じ質問をしたら，すべて正解できる人はどれほどいるでしょうか？

図10

a a d b

q g g q p

誤解のないようにしたいと思いますが，疑似体験はあくまでも疑似的な体験に過ぎず，子どもたちのつまずきを説明するものではありません。outを絵や一文字の漢字のように認識する子もいれば，「泳」を３つの部分に分けて「シカく」のように読む子もいます。つまずきの理由は人によってさまざまであり，まだよく解明されてもいません。ここで忘れずにいていただきたいのは，アルファベットも思うほどやさしくはないということです。そして，その難しさを忘れてしまいがちな私たちには，子どもたちのつまずきに寄り添うことが難しくなるということです。

5　見れば見るほど，書けば書くほど

かの文豪，夏目漱石は「門」の中でその主人公に「どうも字と云うものは不思議だよ。(中略) 容易《やさし》い字でも，こりゃ変だと思って疑ぐり出すと分らなくなる。この間も今日《こんにち》の今《こん》の字で大変迷った。紙の上へちゃんと書いて見て，じっと眺めていると，何だか違ったような気がする。しまいには見れば見るほど今《こん》らしくなくなって来る」[注1]と，言わせています。

漱石が遺した原稿は誤字だらけであることが知られています。作中，主人公に語らせた体験は，おそらく彼自身のものだったのでしょう。もしも彼が，現代の学校に通っていたなら，漢字が苦手だと言い，作文まで大嫌いになっていたかもしれません。ためしに次の文字をそれぞれ30秒くらい，じっと見つめてみてください。

図11

図12

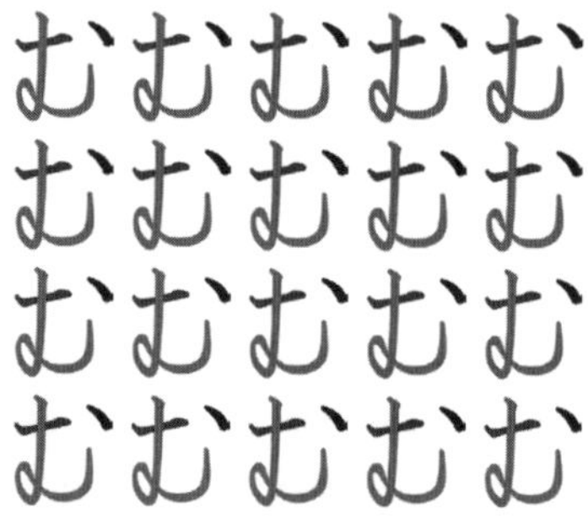

漱石が言わんとしたことを感じていただけたでしょうか？　**図12**は教科書体の「む」です。これなどもじっと見ているとなんだか不思議な感じに襲われる文字の１つかと思います。文字は何度も繰り返し書いて覚えるものだというのが「常識」かもしれませんが，「常識」は「多数派にとっての当たり前」ではあっても「誰にとっても当たり前」だとは限りません。漱石のような子に「書けないのは練習が足りないから」だと毎日過分な宿題を課した結果，苦手教科ばかりか得意だったことまで，すべてにおいて自信を失ってしまっていることも少なくありません。

アルファベットも，何度も書いて覚えたほうが良い子もいるでしょう。しかし，じっと見れば見るほど，書けば書くだけわからなくなるという子もいます。ただ「よく見て，書きなさい」では覚えにくい子がいることは確かです。その子は覚え方や認知の仕方に違いがあるだけで，必ずしも「できない子」であるとは限りません。

注1　青空文庫

苦手を防ぐ指導のポイント

1　好きこそものの上手なれ

「英語は何歳から…」と聞かれると，私はいつも「その子が興味を示し始めたら…」と答えます。無理強いをして英語嫌いにさせてしまっては元も子もありません。基本は「待つこと」，そして「その子なりの学びを尊重すること」です。例えば，手指の発達がゆっくりで文字を書くことが得意でない子がいたら，聞くことや話すことを中心に練習するのも方法です。

もちろん短所を補うこともおろそかにはできません。しかしそれもポジティブな姿勢で臨めるならという前提の下であって，苦手を防ぐためにも，まずは負の感情を抱かせないことが大切です。ところが多くの大人たちは「〇〇もできないのに先には進めない」と苦手ばかりに目を向けて，一般的に，もしかすると個人的に常識だと思い込んでいる学び方や学習の手順を押し付けがちです。苦手を防ごうとして，苦手意識を植え付けてしまっていることもまれではないように思います。苦手を防ぐには「得意を生かしながら，その子なりのペースで学べるようにすること」，「その子をよく見て，その子の学びに寄り添えるようにすること」です。

2　その子なりの学び方・ペースを尊重する

漢字は，何度も書いて覚えるのが一般的です。そのためかアルファベットも繰り返し書かせるというのが私たちの常識かもしれません。しかし回数を重ねると，文字は乱雑になりがちです。そんな場合には，「一度でもいいので，ていねいに書こう」とするのも方法です。「よく見て書きなさい」というアドバイスも定石ですが，中には漱石のように「見れば見るほどわからなくなる」という子もいます。例えばｂとｄを混同する子には，耳からのヒントとして「ｂは２階からたて棒，クルッ」，「ｄはクルッとまわって２階からたて棒」または「ｃ書いて２階からたて棒」など字形を言葉にして伝えるのも方法です。

一方で目からのヒントに強い子には，小文字のｂは「バットとボール１個（大文字はボール２個）」，ｄは「drum をたたいていた人はどっち向き？」と問いかけるなどして絵と組み合わせてみるのも有効です。

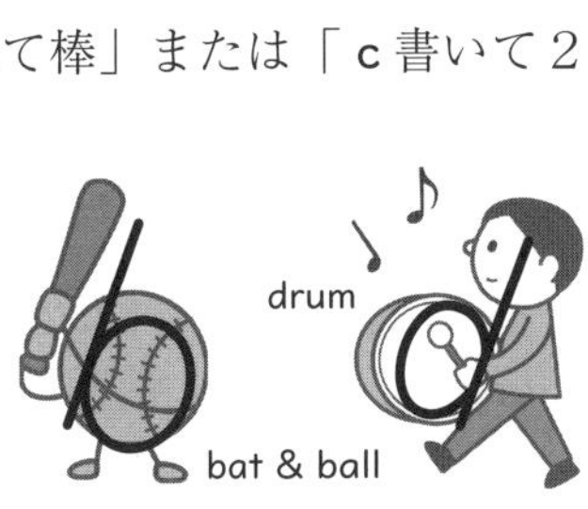

3　くらしの中で学ぶ姿勢を養う

今，アルファベットはくらしの中にあふれています。例えばある子はトランプで遊んでいるうちにAやJ / Q / Kなどの文字を，またある子は街中で目にするbananaやdietなどの語を通じてbやdなどの文字を覚えていくかもしれません。こういった機会を生かさないという手はありません。

押しつけがましくなっては元も子もありません。例えば最初は，名前にイニシャルを添えてみたりしましょう。子どもが「これ何？」と聞いてきたら，「亜美のA」のように教えます。銀行に行ったらATMの表示を指さして「亜美のAだね」とすれば，街中でこれを目にするたびに子どもたちは意識を向けるようになるかもしれません。

子どもたち自身の気づきを待つことは，とても大切です。それには多少の時間を要するかもしれませんが，くらしの中での主体的な学びは，気乗りしないままにノートに繰り返し書かされたりする練習よりもはるかに効率的です。もちろん教えること，「知識をインプットして刺激を与えながら，基礎を定着させること」も大切です。

4 到達目標はプラスワン・試行錯誤の権利を尊重する

「い」の音は英語のpin：ピン などのiの音とは異なるとされますが，地域や個人によっては「い」の発音も様々です。そこでもしあなたの「い」が「正しくない」と否定されたら，あなたはどう思うでしょう。「最初から正しい発音で」などとも言われますが，何をもって「正しい」とするのか，ここで「正しい」ということばを使うことに問題はないでしょうか？ グローバル人材の育成を目指すというなら，むしろここでは「違う≠正しくない」ということにふれ意見を交わすことの方がよほど意味のあることではないかと思います。

日本語を身につけた子どもたちは，英語からすればすでに「“正しくない”発音」を身につけているとも理解できます。そんな子どもたちにはlock：鍵をかける とrock：岩 の識別は難しくなります。ローマ字は英語学習にはマイナスなるという意見もありますが，ローマ字を指導しなかったとしても，すでに身につけているカタカナ発音を消去することはできません。ならば「日本語ではどちらもロックだけど」とした上で，具体的な発音のポイントを示しながら，繰り返しの練習の中で少しずつ身につけられるようにしましょう。

到達目標は，今その子が立っている場所の一歩前に置きましょう。何にしても，「最初から正しく」などと高すぎる目標を掲げてしまえば，意欲を損ないかねません。ここではまず「英語ではlockとrockの発音が異なることを知る」ことから始めましょう。子どもたちが試行錯誤を繰り返す権利を尊重し，折にふれて練習を繰り返す中で，子どもたち自身が少し上達を感じられるようにしましょう。

こんなときどうする

1 文字の形が思い浮かばないときは

目からのヒントに強い子もいれば，耳からのヒントに強い子もいます。強みを生かし，弱みを補えるよう，一人ひとりにあったヒントの出し方を工夫してみましょう。

耳からのヒント ……… 例えば m は「たて棒，ふた山で m」，h なら「2階からたて棒，ひと山で h」のように文字の形を言葉で説明します。

目からのヒント ……… h は「horse の h」などと絵から連想できるようにします。必要に応じて「horse は首が長いよ」などとヒントを添えるようにします。

さわって覚える ……… ざらざらしたものの上に指で文字を書く練習をします。このとき目は閉じて，頭の中で字形がイメージできるようにします。

大文字と関連づける … f が思い浮かばないときには，大文字を書いて見せて「角が丸くなった形」などとヒントを出します。

2 左右を反対に書いたりするときは

J を「し」のように書いたり，big：大きい と dig：掘る との区別がなかなかできるようにならない子もいます。以下のヒントを繰り返し与えながら，じっくり取り組みましょう。

絵と関連づける … 文字としては難しくても，絵の中では左右を混同せずにとらえられることもあります。例えば J は「日本列島と同じ側に曲がっているね」と声をかけ，絵と関連付けて覚えられるようにしましょう。

書体をえらぶ …… Century Gothic のようなシンプル書体では，左右の混同が起きやすくなります。Sassoon など左右非対称の書体を用いるなど，その子にとって読みやすい書体を選んでみましょう。本書では UD デジタル教科書体欧文 Writing を使っています。

書き順で覚える … アルファベットには特に決まった書き順はありませんが，p はたて棒から，d は c から書き始めるなど，書き順で区別するのも方法です。

3 なかなか興味を示さないとき

それまでの経験から，自信を失っていることも考えられます。いきなり書かせたりせずに，ゲーム形式の練習を取り入れるなどして意欲を引き出しましょう。

文字当てをする …………子どもたちに背を向けて立ち，宙に大きく文字を書きます。最初は2，3枚から，徐々にカードを増やしその中から正解を選ばせます。

…………背中に書いた文字を当てさせる方法もあります。このとき目は閉じさせ，「おでこのあたり文字の形を思い浮かべてみて」などとします。

…………いずれの方法でも，必要に応じて「2階からたて棒，ひと山で？」などと文字形を言葉にして説明します。慣れてきたら，「今書いた文字を，机の上に指で大きく書いてみて」とします。

アイスブレイクとして …大文字が小文字に変化する過程を見せ（p.27参照），その小文字を当てさせます。正解させることを目的とせず，なぜそれを選んだのかなど会話を楽しめるようにします。

身近な語を生かす ………例えばＴとＹのカードを用意し，ＴシャツとＹシャツの絵にふさわしい文字を選ばせます。また，なぜＴシャツ，Ｙシャツというのかを考えさせます。

タイピング練習をする …書くこと自体に困難を示す子には，タイピング練習を通じて文字と親しませるのも方法です。くわしくは後述します。

4 英語らしい発音ができない

「よく聞いて真似をしなさい」というだけでは，なかなか英語らしい発音は身につきません。下のような方法で，発音のポイントを具体的に示しましょう。

カタカナを生かす …Ａは「エー」ではなく「エィ」のように書いて見せた上で，実際の発音を聞き分けられるようにします。

口形の違いを示す …Ｕは「唇を丸く突き出すようにしてユー」など発音する際の口の形を具体的に言葉や映像で示します。それぞれの文字については，p.32以降を参照してください。

Chapter

1

アルファベットに親しむワーク

1 くらしの中の ABC

机に向かっての学習はそう長く続けられるものではありません。頑張ったとしても，興味をかき立てられることなく，単調な練習を繰り返すだけでは効率は上がりません。

一方で，アルファベットは毎日のくらしの中にあふれています。くらしの中で学ぶ習慣を身につけることは，これからの英語の学習はもちろん，すべてにおいてプラスに働きます。ここも「急がば回れ」。何度も繰り返し書かせる前に，くらしの中で目にするアルファベットを生かして，英語への興味を引き出していきましょう。

くらしの中のABC よめるかな

【目的】

○くらしの中で見聞きするアルファベット文字への関心を引き出す。
○アルファベットの名称を，場面や文脈から推測して言えるようになる。

【手順】

○イラストやカタカナ部分をヒントにして，読めるようにします。
○必要なら，「これって，何メールっていう？」とカタカナ部分を読み上げます。
○読めたなら，Eの文字を指さし「それじゃ，これは何と読むの？」と，アルファベットの読みを確認します。
○すべての文字を読んだら，「EメールのEはどれ？」と言ってページ下部の文字の中から該当する文字を選んで指し示せるようにします。
○すべての文字から選ぶのが難しい時は，「上の列にあるよ」「この３つの中のどれ？」などのヒントを出します。

【留意点】

すでに書いたように，ここでの目的は「場面や文脈から推測して，文字の名前を言えるようにする」ことです。しかし「これは何？」と言う問いに「Eメール」と答えられたとしても，ただ絵を見て答えているだけでEという文字の名前を言えているとは限りません。まずは「文字名が言える」，次に「文字を下から選ぶことができる」，さらに次には「文字を書ける」などスモールステップを踏みましょう。

Worksheet

よめるかな

年　　　組　　名前

読めたら□の中にチェックをしましょう。

Eメール　□ 

Vサイン　□ 

QアンドA　□ 

Yシャツ　□ 

Gパン　□ 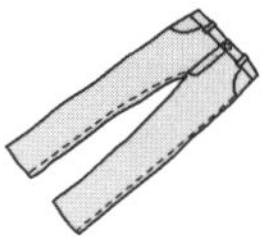

Tシャツ　□ 

Sサイズ　□ 

Mサイズ　□ 

Lサイズ　□ 

XLサイズ　□ 

A　E　G　L　M　Q
S　T　V　X　Y

くらしの中のABC 線で結ぼう

【目的】

○くらしの中で見聞きするアルファベット文字への関心を引き出す。

○場面や文脈とも連携づけながら，文字の名称を言えるようになる。

【手順】

○紙を縦に折るなどして，「正しいのはどれ」の選択肢を隠します。

○絵と線で結べないときは，まず「JR はこの中のどれ？」とたずねます。

○国名はローマ字知識をもとに読みを予想してみましょう。国旗から，読み方を調べるのも方法です。

○国名コード（alpha-3）は国や地域の名前を３文字の省略コードで表しています。Japan と JPN を見比べながら，抜き出された３文字を確認しましょう。

○まずは指で絵や国旗と文字を結び，自分で文字を読めるようになったら，鉛筆で結ぶようにします。

○言えるようになったら，JR の R の文字を指さしなどして「それじゃ，これは何と読むの？」と，一文字ごとにアルファベットの読みを確認します。

【留意点】

ATM や AED などを「知らない」「見たことがない」という子には，「わからないものは後回しにして，わかるものから考える」ようにアドバイスしましょう。

くらしの中のABC 正しいのはどれ①～③

【目的】 省略

【手順】

○線で結ぶ練習をしたのち，紙を縦に折るなどして，「線で結ぼう」の部分を隠します。

○正しい文字の並びを選んで，丸で囲むなどします。

○アルファベットカードなどを使って，一文字ずつ順に並べる練習もしてみましょう。

○「街で見つけたら教えて」とすることで，「くらしの中で学ぶ習慣」を養いましょう。

【留意点】

子どもたちの中には，JR の J と R を漢字の偏とつくりのように捉えて一文字として見ていたり，ひとまとまりの絵のように認識していたりする子もいます。

Worksheet

線で結ぼう／正しいのはどれ ❶

年　　　組　　名前

・左側のアルファベットの中から，絵に合うアルファベットを探して線で結ぼう。
・右側のアルファベットの中から，絵に合うアルファベットを探して○でかこもう。

TV ・	・ 	JR　LR　PR
JR ・	・ 	FS　SF　SE
SF ・	・ 	IT　VT　TV
DVD ・	・ 	ELD　LDE　LED
ATM ・	・ 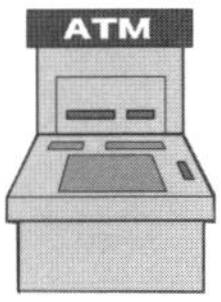	AMT　ATM　MTA
LED ・	・ 	DVD　OVO　VDV

Worksheet

線で結ぼう／正しいのはどれ ❷

年　　　　組　　名前

・左側のアルファベットの中から，絵に合うアルファベットを探して線で結ぼう。
・右側のアルファベットの中から，絵に合うアルファベットを探して〇でかこもう。

HB ・	・		PO　PC　CP
WC ・	・	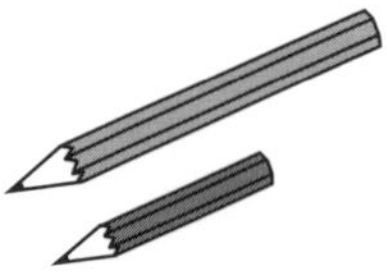	NB　BH　HB
PC ・	・		WC　CM　MC
NHK ・	・		HNK　NHK　NKH
AED ・	・		VFO　UOF　UFO
UFO ・	・		AED　ADE　EAD

Worksheet

線で結ぼう／正しいのはどれ ❸

年　　　　組　　名前

・左側のアルファベットの中から，国旗に合うアルファベットを探して線で結ぼう。
・右側のアルファベットの中から，国旗に合うアルファベットを探して〇でかこもう。

JPN ・　　　・ 
Cuba
CBU　CUB　BUC

IRQ ・　　　・ 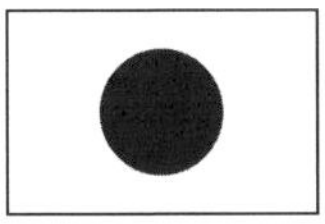
Japan
JNP　LPN　JPN

CUB ・　　　・ 
Slovakia
KVS　SVK　SKV

MDG ・　　　・ 

Iraq
IRQ　QRI　IQR

SVK ・　　　・ 
New Zealand
NLZ　ZNL　NZL

NZL ・　　　・ 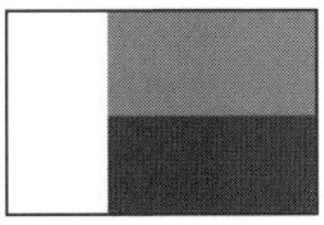
Madagascar
MDG　MGD　DMG

2 ABC オーダー（アルファベット順）

英語学習の第一歩と言えば，アルファベット・ソングを歌うことでしょうか。しかしこれを歌えたからといって，アルファベットが身についているとは限りません。“ＬＭＮＯＰ”を一気に歌わせたりすると，子どもたちは「エレメノピー」と聞いたままに，繰り返しているだけということもままあります。

電子辞書の普及で紙の辞書を使う人が減っていますが，紙の辞書には一度に多くの関連情報が目に入るなどの良さがあります。これを使えるようにするためには，アルファベット順がしっかり理解できていなければなりません。ここでは一文字一文字を指で指し示しながらアルファベットの名称を確認することで，26文字をしっかりと区別できるようにすると同時に，アルファベット順を定着させましょう。

ABC オーダー　順番に指さしながら言ってみよう（大文字／小文字）

【目的】

○26文字をアルファベット順に指さして言うことができる。

【手順】

○まずは大文字26文字をアルファベット順に指さしながら言ってみます。
○繰り返し練習できるよう，鉛筆などで線は引かないようにします。
○慣れてきたら，時間を計ってみましょう。

【留意点】

ｂ／ｄ／ｐ／ｑなどの習得には困難を示す子もいます。特に小文字は，ここで完全を求めるのではなく，他の練習を行ってからまた戻って練習するなど工夫をしましょう。

ABC オーダー　タイピングしてみよう①～②

【目的】

○一般的なキーボードの文字配列になれ，アルファベット順に指さしできる。

【留意点】

最終的にはブラインドタッチを目指したいところですが，右側のキーは右の，左側のキーは左の人差し指１本で指差しさせるなど，年齢等によって無理のない目標を設定しましょう。

Worksheet

順番に指さしながら言ってみよう
（大文字／小文字）

年　　　組　　名前

	A	B	R	S	T
D	C	P	Q	U	V
E	O	N	M	W	Y
F	G	J	L	X	Z
H	I	K			

	a	h	i	l	m
b	d	g	j	k	n
c	e	f	s	r	o
w	y	u	t	q	p
x	v	z			

＊アルファベットは線で結ばないで練習しましょう。言えるようになったら，時間を計って練習しましょう。

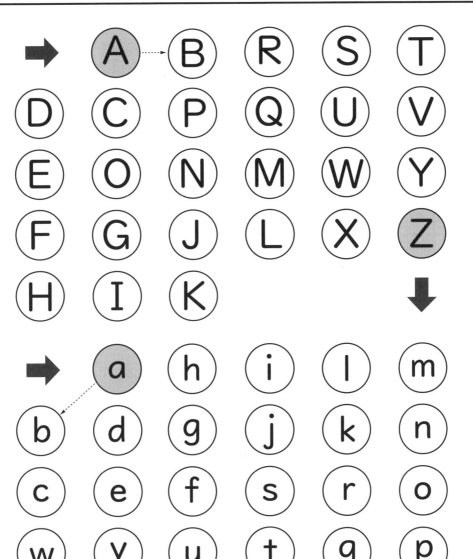

Worksheet

タイピングしてみよう❶

声に出して言いながら，アルファベット順にタイピングしましょう。

ABCDEFG / HIJKLMN

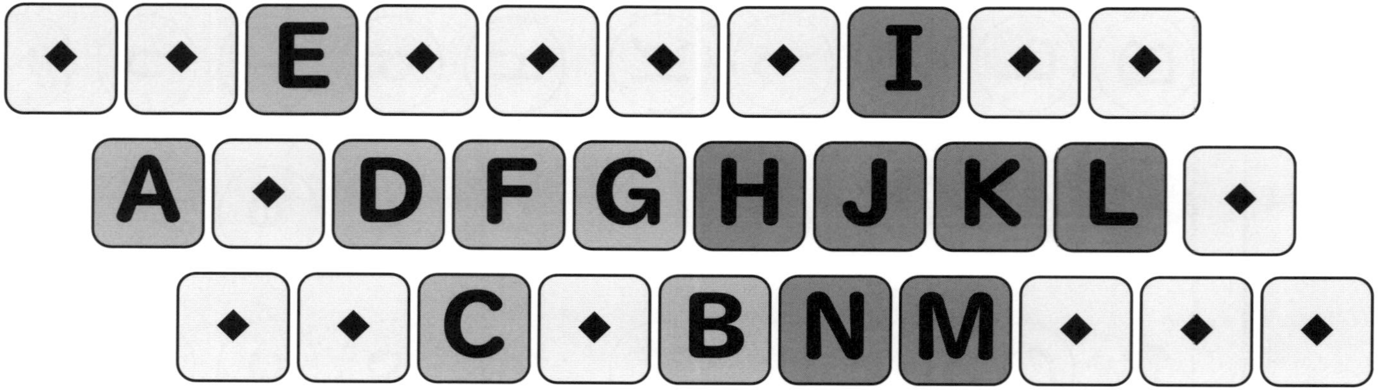

Worksheet

タイピングしてみよう❷

声に出して言いながら，アルファベット順にタイピングしましょう。

OPQRSTU / VWXYZ

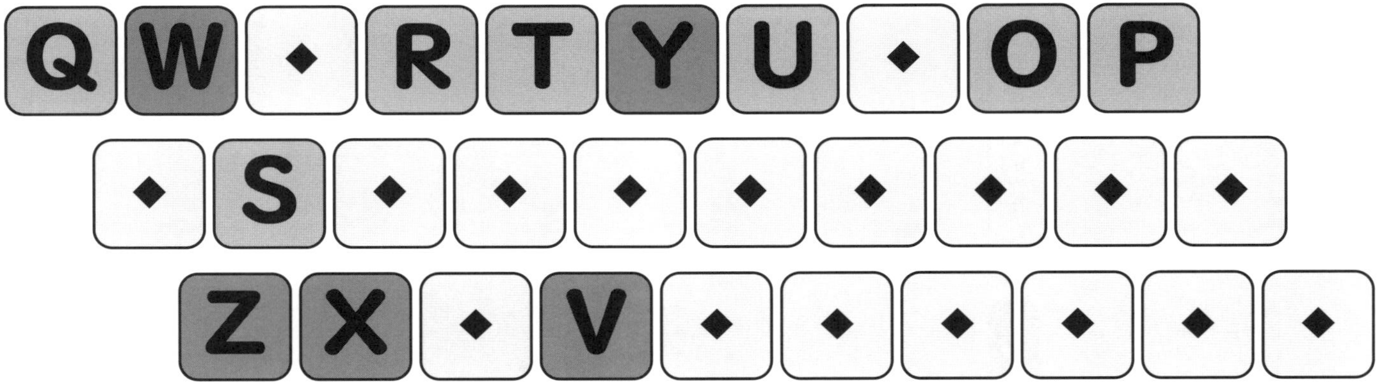

3　大文字と小文字

大文字と小文字のどちらを先に練習するかは，意見が分かれるところです。英語にふれる機会が多いお子さんなら，大文字よりも小文字の方が目にすることも多く親しみやすいかもしれません。しかし小文字は b と d など形が似た文字を混同するなどの難しさもあります。

そもそも小文字は，大文字の一部を省略し，丸みをつけるなどしてできたものです。ここでは大文字をあらかた覚えた子どもたちを対象に，それぞれを関連付けながら似ているところ，違っているところを確認していきましょう。

大文字と小文字　線で結ぼう

【目的】

○字形の似ているところ，違っているところを意識しながら，小文字を大文字と線で結ぶことができる。

【手順】

○上から順番に，大文字を読んでみます。
○できるだけ上から順番に，ただしわからないものがあったときは飛ばして，わかるものから順番に小文字を大文字と線で結んでいきます。
○線で結び終わったら，それぞれどこが似ていてどこが違っているかを子どもたち自身の言葉で説明できるようにしましょう。

【留意点】

○最初のシートは，大文字をアルファベット順で並べています。
○次のシートのグループ１には「形がとてもよく似た文字」，グループ２には「小文字をベースラインの上一段に書く文字」，グループ３には「小文字を上二段に書く文字」，グループ４は「小文字をベースラインの上下各一段に書く文字・上一段より少し高く書く文字」をまとめています。

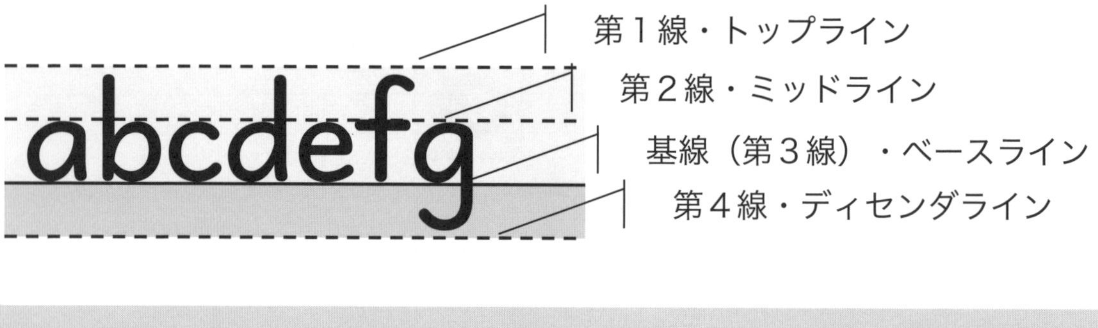
abcdefg
第１線・トップライン
第２線・ミッドライン
基線（第３線）・ベースライン
第４線・ディセンダライン

Worksheet

線で結ぼう ❶

年　　　　組　　名前

小文字はどのようにしてできたのかを考えながら，大文字と小文字を線で結びましょう。

A	→	A ・	・b
B	→	b ・	・c
C	→	C ・	・a
D	→	D ・	・d
E	→	E ・	・f
F	→	F ・	・g
G	→	G ・	・e

H	→	h ・	・j
I	→	I ・	・h
J	→	J ・	・i
K	→	k ・	・l
L	→	L ・	・n
M	→	m ・	・m
N	→	N ・	・k

O	→	o ・	・r
P	→	P ・	・p
Q	→	Q ・	・q
R	→	R ・	・o
S	→	s ・	・u
T	→	T ・	・s
U	→	u ・	・t

V	→	v ・	・z
W	→	w ・	・x
X	→	x ・	・y
Y	→	Y ・	・v
Z	→	z ・	・w

Worksheet

線で結ぼう ❷

年　　　組　　名前

左側の大文字と，右側の小文字を線で結びましょう。

グループ1

C・	・w
O・	・v
S・	・s
V・	・o
W・	・c
X・	・z
Z・	・x

グループ2

A・	・m
E・	・n
M・	・a
N・	・e
R・	・r
U・	・u

グループ3

B・	・h
F・	・k
H・	・b
K・	・f
L・	・l
D・	・d

グループ4

J・	・y
P・	・p
Y・	・j
G・	・q
Q・	・g
I・	・t
T・	・i

Chapter

2

アルファベット・大文字の練習ワーク

大文字練習ワーク 活用のポイント

指導者用シート

1 アルファベットの名前と音

右図の①では「文字の名前」とその発音のポイントについて説明しています。例えば「Ａはエーではなく…」と聞かせるだけではその違いがよくわからない子もいます。そんな場合には目からの情報を添えて耳からの情報を与える，具体的にはカタカナで書いて示しながら実際の音を聞かせるなどするとわかりやすくなります。

2 同じ発音を含む文字・単語

26文字の名前には，英語の母音，子音の大半が含まれています。ここ（②）を押さえておけば，英語らしい発音の基礎を固めることもできます。Ｈなどの文字や ace などの語の中にも「エィ」という共通の音が含まれることへの気づきは，のちのフォニックスの学習にも生かされます。B/C/D/H/J/K などと書かれたカードを，Ａのグループ（H/J/K）とＥのグループ（B/C/D）に分ける練習も行ってみましょう。（p.58参照）

3 書き方

アルファベットにはこれと決まった書き方はありません。書き順も人によって様々ですが，③では一般的な書き方を紹介しています。基本的に１つの書き方をするものはその書き順を，２通り以上の書き方が考えられる場合は書き出しを２つに分けて示しています。

①

①

発音のポイント

「エー」ではなく「エィ」のように発音しましょう。「エ」は日本語の「エ」でも十分に通じますが,「ィ」ははっきりとした日本語の「イ」のように口を横に開かずに「エ」に近く，軽く添えるように発音します。

同じ発音を含む文字・単語

H〔eɪtʃ〕 J〔dʒeɪ〕K〔keɪ〕

ace：エース　aid：助ける　eight：８の

②

③

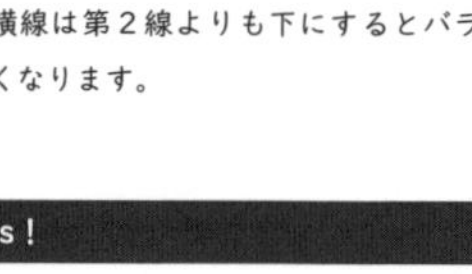

③

書き方

３画に分けて書くのが基本とされますが,斜線を下から上に一筆にする書き方もあります。横線は第２線よりも下にするとバランスが良くなります。

Tips！

ATM や AI/ PTA でもなじみ深いＡ。Ace はやはり「エー」ではなく「エィ」に軽く s を添えるだけで英語らしくなります。

生徒用シート

④ イラスト

Uをのぞいて，それぞれの文字で始まる語を表すイラストの中に大文字を組み入れ，文字形を印象づけるようにしています。その他の方法として，例えばHは右下の図のように両手の親指と親指をつけてHandのH（本冊では，小文字と対比して大文字を馬２頭で表しています）とするなど，AやG/L/V/Yなどは体を使って文字形を表現するのも有効です。ただしその場合は，子どもたちから見て鏡文字にならないように気をつけましょう。

U/uは「UpのU」とする方法もありますが，本冊では小文字のnとの混同を避けるため「cupのU/u（反対にすると水がこぼれます)」としています。

④
エィ
A
1 読んでみよう
「エー」ではなく「エィ」のように発音します。「ィ」は「ェ」に近く，軽くそえるように言ってみましょう。

H

⑤ なぞり書き・鉛筆で書く練習

まだ鉛筆で書くことになれない子には，まず④の枠の中の文字を指でなぞる練習から始めましょう。お手本を見ながら机の上に大きく書くのも方法です。

次に鉛筆でなぞる練習に進みますが，その子に合った書き方が選択できるよう，子ども用シートには書き始めや書き順をあえて示していません。書き順もその子自身に考えさせてみましょう。

「３ 書いてみよう」では，大文字はすべてベースラインの上２段を使って書くことを最初に確認し，上２段を一杯に使って書くようにしましょう。

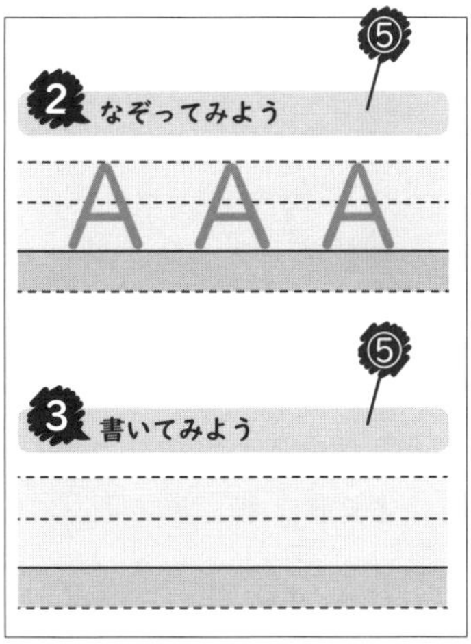
⑤
2 なぞってみよう
A A A
⑤
3 書いてみよう

◎ 同じ音を含む文字

エィ	〔eɪ〕	A H J K
イー	〔iː〕	B C D E G P T V Z
エ	〔e〕	F L M N S X
アィ	〔aɪ〕	I Y
ユー	〔juː〕	U W

＊OとRには同じ音を含む文字はありません。

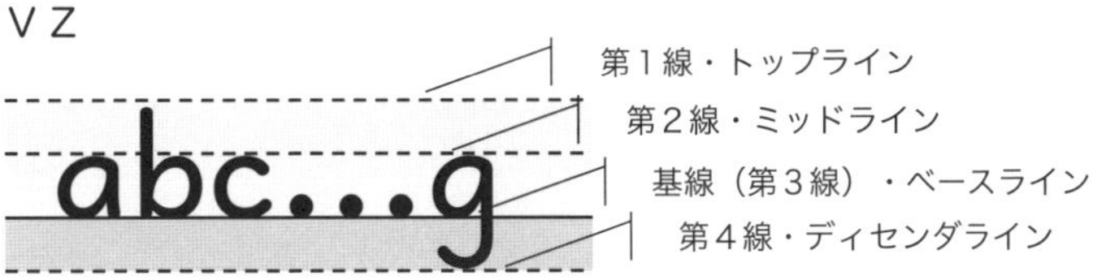
abc…g
第１線・トップライン
第２線・ミッドライン
基線（第３線）・ベースライン
第４線・ディセンダライン

A・B の練習ワーク 指導のポイント

エィ

A

Ace

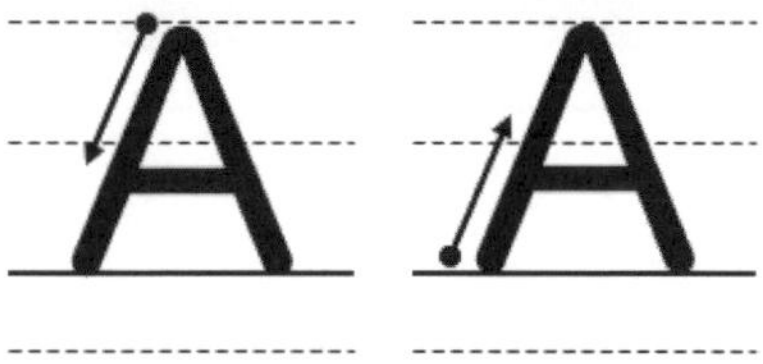

発音のポイント

「エー」ではなく「エィ」のように発音しましょう。「エ」は日本語の「エ」でも十分に通じますが,「ィ」ははっきりとした日本語の「イ」のように口を横に開かずに「エ」に近く，軽く添えるように発音します。

書き方

３画に分けて書くのが基本とされますが，斜線を下から上に一筆にする書き方もあります。横線は第２線よりも下にするとバランスが良くなります。

同じ発音を含む文字・単語

H〔eɪtʃ〕 J〔dʒeɪ〕 K〔keɪ〕

ace：エース　aid：助ける　eight：８の

Tips！

ATM や AI/ PTA でもなじみ深い A。Ace はやはり「エー」ではなく「エィ」に軽くｓを添えるだけで英語らしくなります。

ビィー

B

Bat & Ball

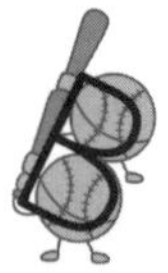

発音のポイント

くちびるをしっかりと結んで，ためた息を勢いよく前に押し出すように「ブ」，続けて「ィー」はくちびるを左右に引いて発音してみましょう。

書き方

縦線から書き始めるのが基本です。絵からのヒントを生かして，「バットとボール２個」と言いながら練習してみましょう。

同じ発音を含む文字・単語

C〔siː〕 D〔diː〕 E〔iː〕 G〔dʒiː〕

P〔piː〕 T〔tiː〕 V〔viː〕 Z〔ziː〕

be：…である　bee：ミツバチ

Tips！

鏡文字を防ぐには,「数字の13に似ているよ」とヒントを出してみましょう。少し右に傾けて書かせるのも方法です。

Worksheet

A・B の練習ワーク

年　　　組　　名前

エィ　　Ace

A

1 読んでみよう

「エー」ではなく「エィ」のように発音します。「ィ」は「ェ」に近く，軽くそえるように言ってみましょう。

2 なぞってみよう

A A A

3 書いてみよう

ビィー　　Bat & Ball

B

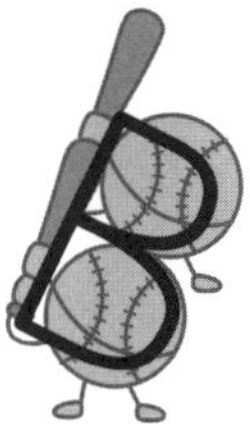

1 読んでみよう

くちびるをしっかりとむすんで息をため，いきおいよく「ブ」のように発音します。「ィー」はくちびるを左右に引いて発音してみましょう。

2 なぞってみよう

B B B

3 書いてみよう

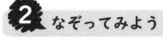

C・Dの練習ワーク 指導のポイント

スィー

C

Clown

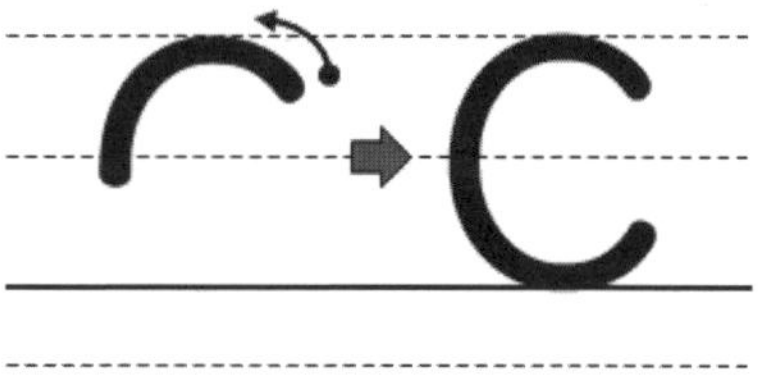

発音のポイント

舌先と上の歯ぐきの間から，「シー」ではなく「スィー」のように発音します。「ィー」はくちびる左右に引いて発音してみましょう。

書き方

時計の文字盤の１のあたりから時計の針とは反対方向に書き始め，５のあたりで書き終わるようにします。

同じ発音を含む文字・単語

B〔biː〕 D〔diː〕 E〔iː〕 G〔dʒiː〕

P〔piː〕 T〔tiː〕 V〔viː〕 Z〔ziː〕

see：見る　sea：海　seat：席

Tips！

左右を逆に書いたりするときは，「クラウンのお鼻」「クラウンはどっちを向いていた」とヒントを出してみましょう。

ディー

D

Duck

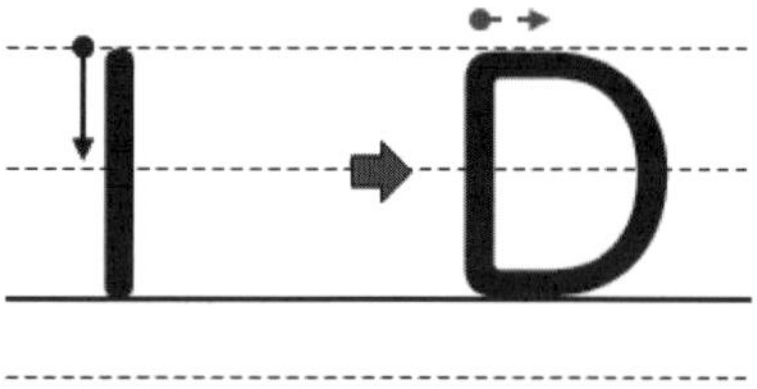

発音のポイント

「デー」ではなく「ディー」のように発音します。舌先を上の歯ぐきにつけて「ドゥ，ドゥ，ディー」と言ってみましょう。「ィー」はくちびるを左右に引いて発音しましょう。

書き方

たて棒から書き始めるのが基本です。Pと混同しないように，半円はたて棒の最上部から書き始め最下部につなげるようにしましょう。

同じ発音を含む文字・単語

B〔biː〕 C〔siː〕 E〔iː〕 G〔dʒiː〕

P〔piː〕 T〔tiː〕 V〔viː〕 Z〔ziː〕

deep：深い　deal：配る

Tips！

左右を逆に書いたりするときは，「アヒルはどっちを向いていた」とヒントを出してみましょう。

Worksheet

C・Dの練習ワーク

年　　組　　名前

スィー　　Clown

C

1 読んでみよう

舌（した）の先と上の歯ぐきの間から息を抜いて，「シー」ではなく，「ス，ス，スィー」のように発音してみましょう。

2 なぞってみよう

C C C

3 書いてみよう

ディー　　Duck

D

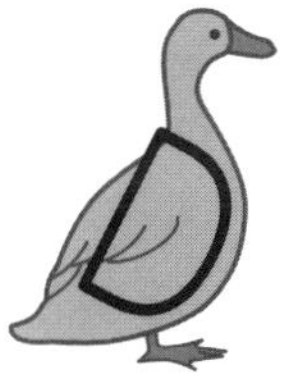

1 読んでみよう

「デー」ではなく，「ディー」のように発音します。舌（した）先を上の歯ぐきにつけて，「ドゥ，ドゥ，ディー」と言ってみましょう。

2 なぞってみよう

D D D

3 書いてみよう

E・Fの練習ワーク 指導のポイント

イー

E

Elephant

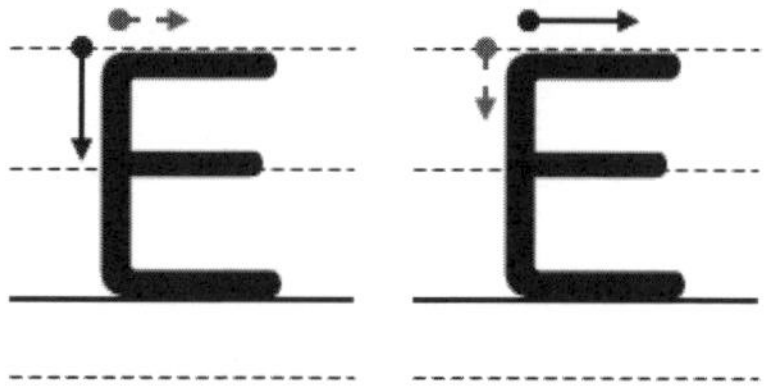

発音のポイント

子どもたちが「イーだ！」と言うときのように，くちびるを左右に引いて「イー」と発音してみましょう。「イィ」のように言うこともあります。

書き方

特に決まった書き方はありません。たて棒からが基本とされますが，一番上の横線，次にたて棒を書いてもかまいません。

同じ発音を含む文字・単語

B〔biː〕　C〔siː〕　D〔diː〕　G〔dʒiː〕

P〔piː〕　T〔tiː〕　V〔viː〕　Z〔ziː〕

eat：食べる　east：東　eel：うなぎ

Tips！

日本語では「イ」も「イー」も同音ですが，eatなどの「イー」とitなどの「イ」は発音が異なります。itなどの「イ」は「エ」に近く発音されます。

エフ

F

Flag

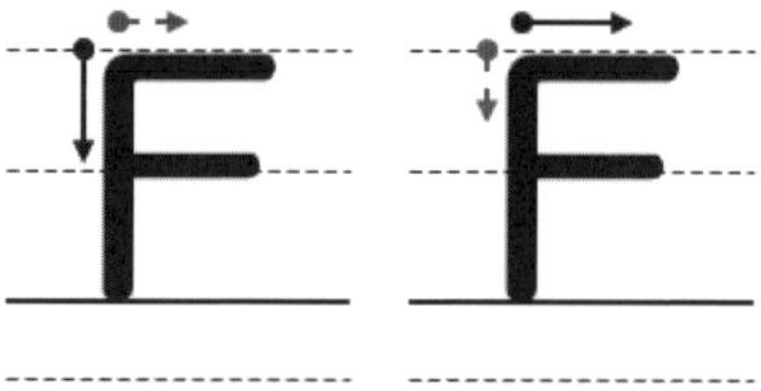

発音のポイント

「エ」は日本語の「エ」でも十分に通じますが，「ッ」は軽く下くちびるを噛むようにして発音しましょう。

書き方

たて棒から書くのが基本とされていますが，上の横線から書いてもかまいません。下の横線は，上の横線と同じかやや短めにします。

同じ発音を含む文字・単語

L〔el〕　M〔em〕　N〔en〕

S〔es〕　X〔eks〕

SF: 空想科学小説　UFO：未確認飛行物体

Tips！

大文字はFlagのF，小文字はflowerのfとして覚えましょう。これらのflからは，日本語の「ひらひら」に通じる意味合いが感じられます。

Worksheet

E・Fの練習ワーク

年　　　組　　名前

イー　　Elephant

E

1 読んでみよう

「イーだ！」と言うときのように，くちびるを左右に引いて「イー」，または「イィ」と発音してみましょう。

2 なぞってみよう

E E E

3 書いてみよう

エフ　　Flag

F

1 読んでみよう

「エ」は日本語の「エ」でも十分に通じますが，「ァ」は軽く下くちびるを噛むようにして発音しましょう。

2 なぞってみよう

F F F

3 書いてみよう

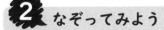

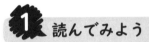

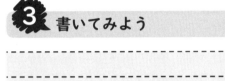

G・Hの練習ワーク 指導のポイント

ヂー

G

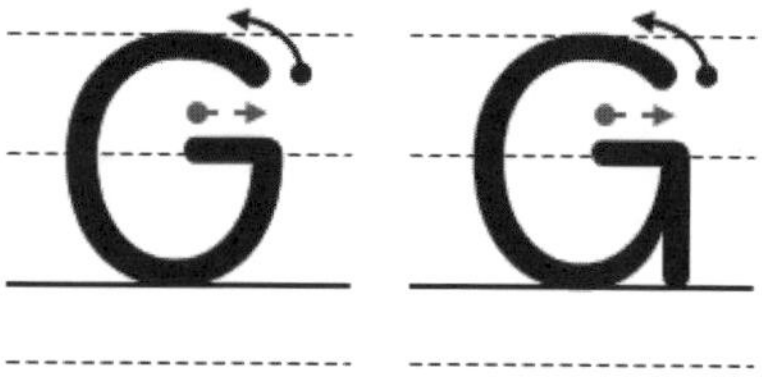

発音のポイント

舌先を上の歯ぐきにつけて，「ジー」ではなく，「ヂー」のように発音します。まずは「シ」と「チ」を発音するときの，舌の位置の違いを確認しましょう。

同じ発音を含む文字・単語

B〔biː〕 C〔siː〕 D〔diː〕 E〔iː〕
P〔piː〕 T〔tiː〕 V〔viː〕 Z〔ziː〕
jeep：ジープ　jeans: ジーンズ

書き方

まずはＣを書いてから横線，または横線さらにたて棒を書いたり，横線を長くしてＴのようにしたりする書体もあります。右上の書体のたて棒が長くなったのが，小文字です。

Tips！

「チ / ヂ」は舌先を上の歯ぐきにつけて発音するのに対して，「シ / ジ」は舌先を歯ぐきにつけずに発音します。

エイチ

H

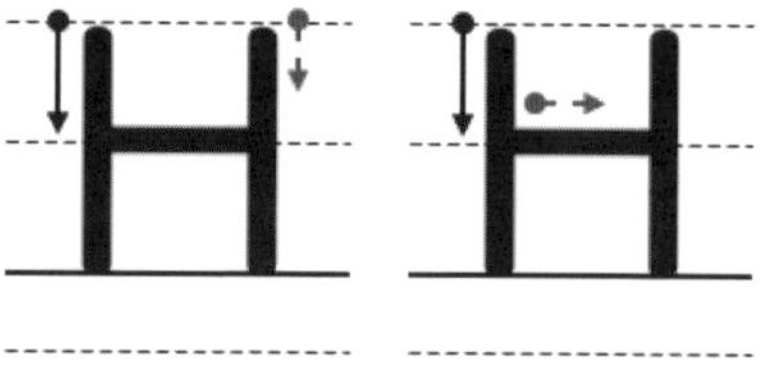

発音のポイント

「エッチ」ではなく「エィ」のあとに軽く「チ」の音を添えるように発音します。「ィ」は口を横に開かずに「エ」に近く発音してみましょう。

同じ発音を含む文字・単語

A〔eɪ〕 J〔dʒeɪ〕 K〔keɪ〕
NHK：日本放送協会　WHO：世界保健機関

書き方

左から縦，縦，最後に横線を書くのが基本とされますが，同じく左からたて棒，横線の順に書いてもかまいません。

Tips！

大文字は小文字（馬1頭）と比較して，馬が２頭，またはp.31で紹介したように，両手の親指を合わせてHandのHと覚えましょう。

Worksheet

G・Hの練習ワーク

年　　　組　　名前

チー　　Gorilla

G

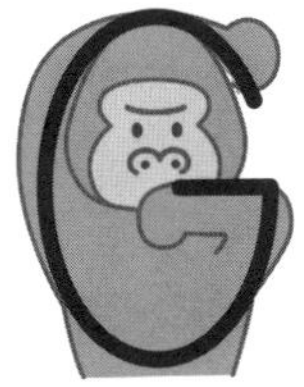

1 読んでみよう

舌（した）の先を上の歯ぐきにつけて，「ジー」ではなく，「ヂー」のように発音します。まずは「シ」と「チ」を言いくらべてみましょう。

2 なぞってみよう

G G G

3 書いてみよう

エイチ　　Horse

H

1 読んでみよう

「エッチ」ではなく「エィ」のあとに軽く「チ」とそえるように発音してみましょう。「ィ」は口を横に開かずに「ェ」に近く発音します。

2 なぞってみよう

H H H

3 書いてみよう

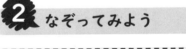

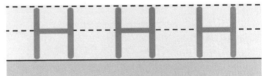

I・J の練習ワーク 指導のポイント

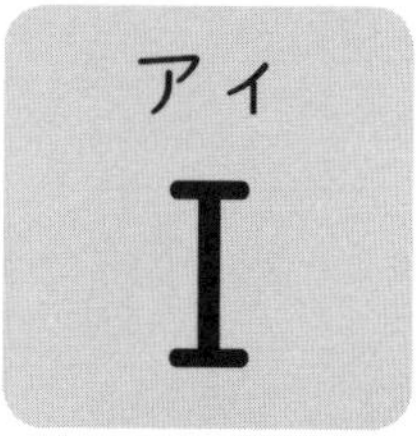

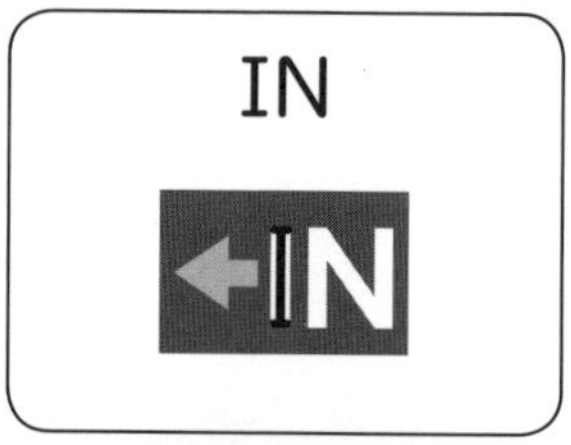

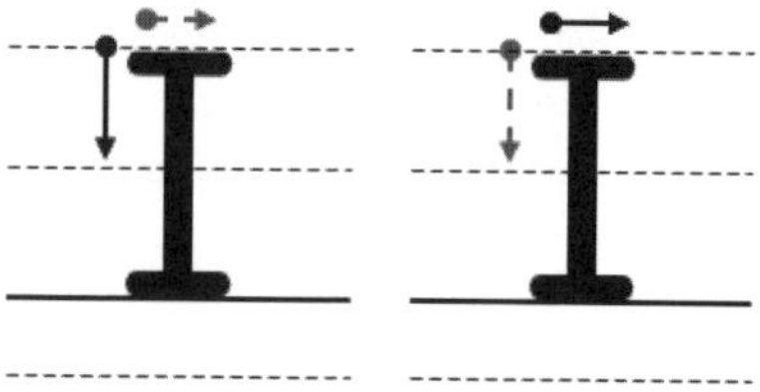

発音のポイント

「アィ」の「ア」は日本語の「ア」でも十分に通じますが，「ィ」ははっきりとした日本語の「イ」のように口を横に開かず軽く添えるように発音します。「アェ」というようなつもりで言ってみましょう。

同じ発音を含む文字・単語

Y〔waɪ〕

I：私が　my：私の　eye: 目　ice：氷

書き方

たて棒から書くのが基本とされますが，上から横，縦，横と書いてもかまいません。

Tips !

IT や AI などで目にすることが多くなりましたが，横線を省略した書体も多いため，小文字の l との区別が難しくなっています。入門期は横線のある書体を用いて混乱を防ぎましょう。

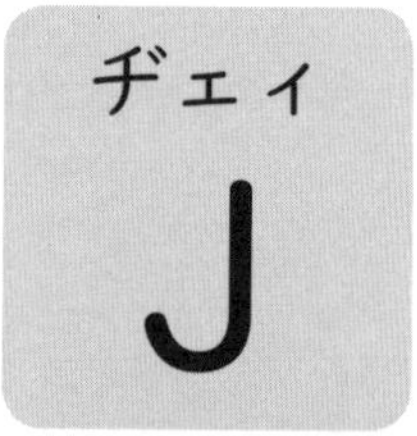

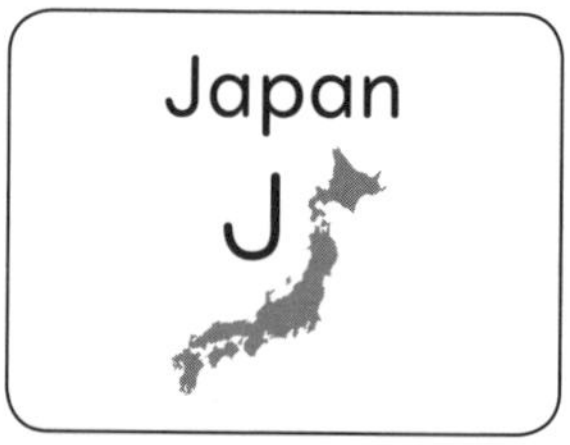

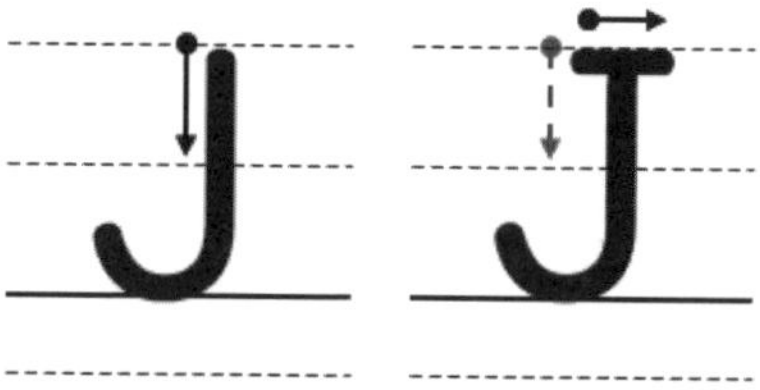

発音のポイント

舌先を上の歯ぐきにつけて，「ジェィ」ではなく，「ヂェィ」のように発音します。まずは「シ」と「チ」を発音するときの，舌の位置の違いを確認しましょう。

同じ発音を含む文字・単語

A〔eɪ〕　H〔eɪtʃ〕　K〔keɪ〕

JR：Japan Railways　jail：刑務所

書き方

書体によって，上部に短く横線をつけることもあります。鏡文字を防ぐには，絵からのヒントを生かし，日本列島と同じ方向に曲がっていることを確認しましょう。

Tips !

「チ / ヂ」は舌先を上の歯ぐきにつけて発音するのに対して，「シ / ジ」は舌先を歯ぐきにつけずに発音します。

Worksheet

I・Jの練習ワーク

年　　組　　名前

アイ

In

I

2 なぞってみよう

I I I

1 読んでみよう

「アィ」の「ア」は日本語の「ア」でも十分に通じます。「ィ」は口を横に開かずに「ェ」に近く，軽くそえるように発音してみましょう。

3 書いてみよう

チェイ

Japan

J

2 なぞってみよう

J J J

1 読んでみよう

舌(した)先を上の歯ぐきにつけ,「ジェィ」ではなく,「ヂェィ」のように発音します。まずは「シ」と「チ」を言いくらべてみましょう。

3 書いてみよう

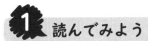

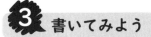

K・Lの練習ワーク 指導のポイント

ケィ

K

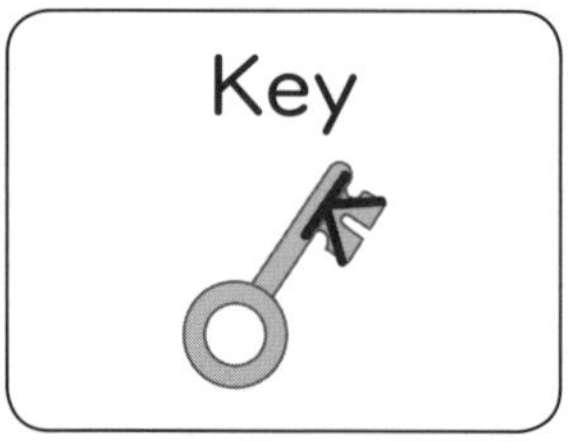

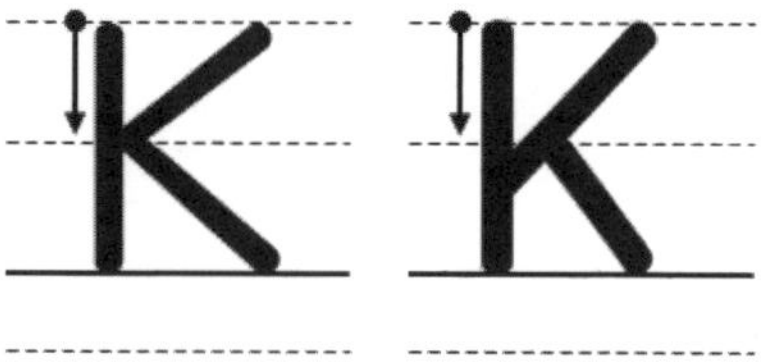

発音のポイント

「ケー」ではなく「ケィ」のように発音します。「ケ」は日本語の「ケ」でも十分に通じますが，「ィ」ははっきりとした日本語の「イ」のように口を横に開かずに「エ」に近く，軽く添えるように発音します。

書き方

たて棒の中央に接した斜線をそのまま折り返して２画で書く方法と，斜線を互い違いにして３画に分けて書く書体があります。

同じ発音を含む文字・単語

A〔eɪ〕　H〔eɪtʃ〕　J〔dʒeɪ〕

cake：ケーキ　cage：鳥かご，ケージ

Tips！

英語ではＫの出番は意外と少なく，Ｃがこれに替わることが多くなります。

エゥ

L

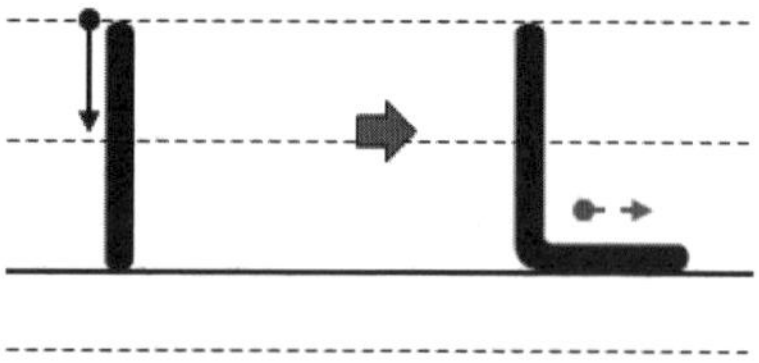

発音のポイント

「エゥ」のように発音します。「ゥ」は日本語の「ゥ」で十分通じます。「ル」をはっきりと発音するときは 舌先を歯ぐきにつけ「ランラン」とはじくように発音してみましょう。

書き方

たて棒から書き始めます。左の人差し指と親指でＬの字形を作り「Left のエル」と覚えるのも方法です。書くときにも，「人差し指，親指」と言いながら練習してみましょう。

同じ発音を含む文字・単語

F〔ef〕　M〔em〕　N〔en〕　S〔es〕

X〔eks〕

tell：伝える　elbow：肘

Tips！

指でＬを作って示すときは，子どもたちから見て，左右が反対にならないように気をつけましょう。

Worksheet

K・Lの練習ワーク

年　　　組　　名前

ケイ　　Key

K

2 なぞってみよう

K K K

1 読んでみよう

「ケー」ではなく「ケィ」のように発音します。「ィ」は「ェ」に近く，軽くそえるように言ってみましょう。

3 書いてみよう

エゥ　　Line

L

2 なぞってみよう

L L L

1 読んでみよう

「エゥ」のように発音します。「ル」をはっきり発音するときは，舌(した)の先を上の歯ぐきにつけて発音してみましょう。

3 書いてみよう

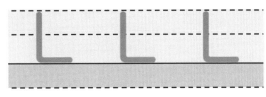

M・N の練習ワーク 指導のポイント

エム

M

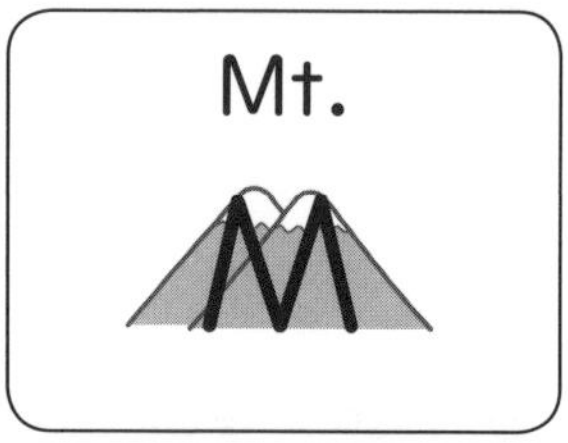

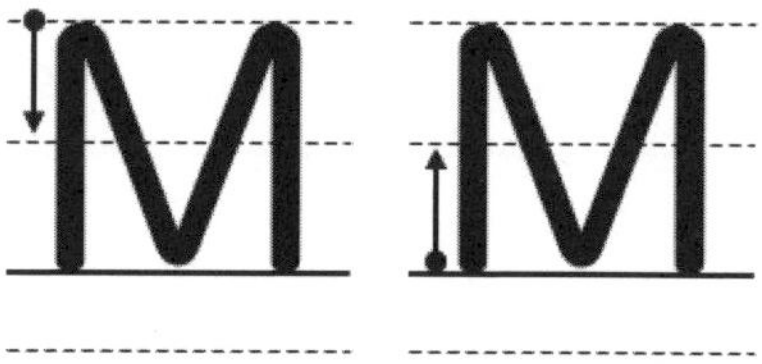

発音のポイント

日本語の「エ」に軽く「ム」を添えるように発音します。「ム」をはっきりと発音するときには，唇を閉じて鼻から息を抜いて発音することを確認しましょう。

同じ発音を含む文字・単語

F〔ef〕　L〔el〕　N〔en〕　S〔es〕
X〔eks〕
gem：宝石　them：彼らを

書き方

両端のたて棒から書き始めるのが基本とされますが，左からたて棒，斜線，斜線…と書いたり，左下から一筆書きにしてもかまいません。N などに比べて横広に書きましょう。

Tips！

「エム」の「ム」と次の「エン」の「ン」はともに鼻から音を出す「鼻音」です。「ム」は唇を閉じて，「ン」は口を開いて発音します。

エン

N

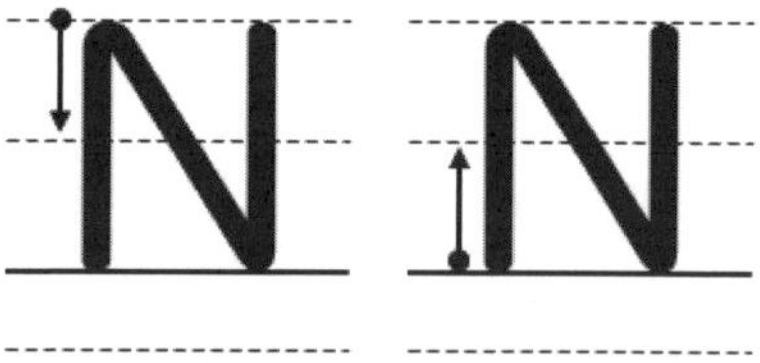

発音のポイント

日本語のナ行の子音 /n/ は舌先を前歯につけて発音しますが，ここでは舌先を歯ぐきにしっかりとつけて「エン」または「エンヌ」のように鼻から音を出しましょう。

同じ発音を含む文字・単語

F〔ef〕　L〔el〕　M〔em〕　S〔es〕
X〔eks〕
end：終わり　ten：10（の）

書き方

両端のたて棒を先に書くのが基本とされますが，鏡文字になりやすくお勧めできません。左からたて棒，斜線，たて棒と３画で書くか，斜線からそのまま続けて２画で書きましょう。

Tips！

鏡文字を防ぐには，左下から一筆書きにするのも方法です。

Worksheet

M・Nの練習ワーク

年　　　組　　名前

エム　　Mt.

M

1 読んでみよう

日本語の「エ」と「ム」で十分に通じます。「ム」はくちびるをとじて鼻から息をぬいて発音しましょう。

2 なぞってみよう

M M M

3 書いてみよう

エン　　Nap

N

1 読んでみよう

「エ」と発音した後は，舌（した）の先を歯ぐきにしっかりとつけて「エン」または「エンヌ」のように鼻から音を出しましょう。

2 なぞってみよう

N N N

3 書いてみよう

O・P の練習ワーク 指導のポイント

オゥ

O

Octopus

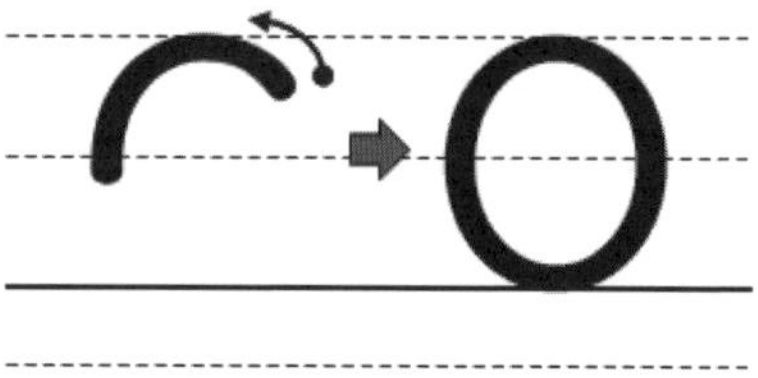

発音のポイント

「オー」ではなく「オゥ」のように発音しましょう。「オ」「ゥ」ともに日本語の「オ」「ウ」で十分に通じます。

書き方

テストの丸つけのように，下から上に書くと字形が崩れることが多いようです。時計の文字盤の１のあたりから時計の針とは反対方向に書き始めましょう。

同じ発音を含む文字・単語

oh：おお　owe：借りている

own：自分自身の　OK：元気で，よろしい

old：古い　open：開ける

show：見せる　snow：雪　slow：遅い

Tips！

open や home/note などの語も o を「オゥ」と発音するだけで英語らしくなることを確認しておきましょう。

ピィー

P

Parking

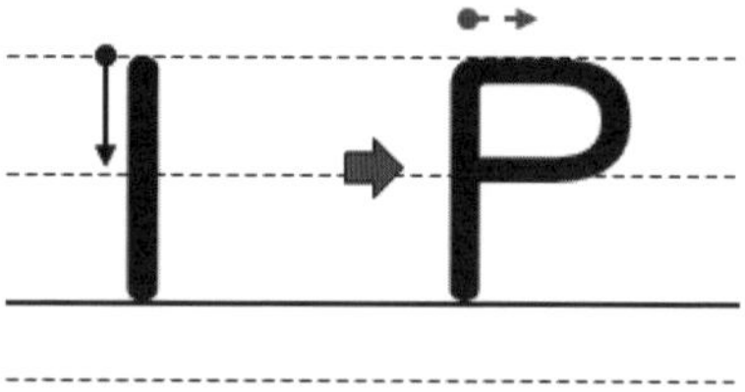

発音のポイント

唇をしっかりと結んで，ためた息を勢いよく前に押し出し「プ」のように発音します。「ィー」はくちびるを左右に引いて発音してみましょう。

書き方

たて棒から書き始めましょう。D と混同しないように，半円はたて棒の右側上半分に書き加えるようにしましょう。

同じ発音を含む文字・単語

B〔biː〕　C〔siː〕　D〔diː〕　E〔iː〕

G〔dʒiː〕　T〔tiː〕　V〔viː〕　Z〔ziː〕

pea：エンドウ豆　peel：皮をむく

Tips！

特に決まった書き順はありませんが，鏡文字を防ぐためにも，P/p は大文字小文字ともたて棒から書くようにしましょう。

Worksheet

O・Pの練習ワーク

年　　組　　名前

オウ　　Octopus

O

2 なぞってみよう

O O O

1 読んでみよう

「オー」ではなく「オゥ」のように発音しましょう。「オ」は日本語の「オ」で十分に通じます。

3 書いてみよう

ピィー　　Parking

P

2 なぞってみよう

P P P

1 読んでみよう

くちびるをしっかりとじて息をため，いきおいよく「プ」のように発音します。「ィー」はくちびるを左右に引いて発音してみましょう。

3 書いてみよう

Q・Rの練習ワーク 指導のポイント

キュー

Q

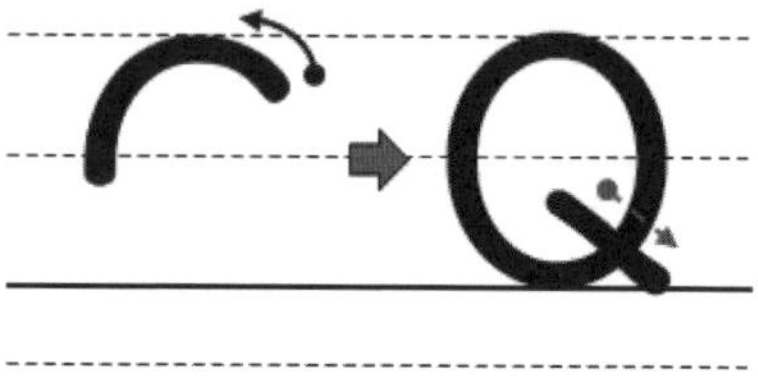

発音のポイント

日本語の「キュー」でも十分通じますが，まずは喉の奥から「クックックッ」のように，「ュー」はくちびるを丸く突き出すように発音してみましょう。

同じ発音を含む文字・単語

U〔juː〕 W〔dˈʌbljuː〕

cue：きっかけ　cube：立方体

cute：かわいい

書き方

時計の文字盤の１のあたりから時計の針とは反対方向に書き始め，右下に短く斜線を引きます。斜線まで一筆書きにすることもあります。

Tips！

２画目の斜線を下にまっすぐ引き伸ばしたものが，小文字の字形です。

アー（ァ）

R

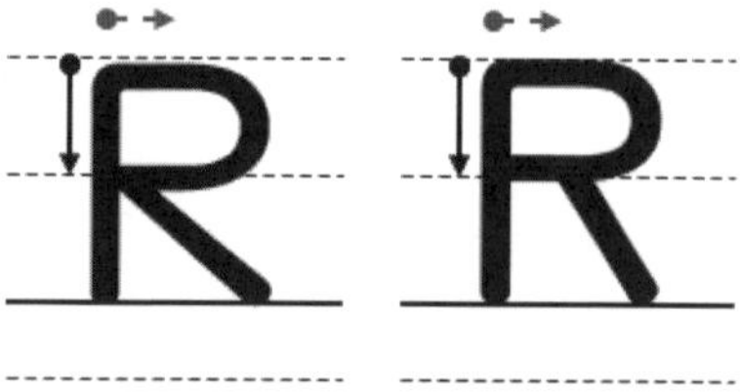

発音のポイント

日本語の「ア」よりもやや口を大きく開けて，アメリカ発音では「アーァ」，イギリス発音では「アー」のように発音しましょう。舌は口の中のどこにもふれないようにします。

同じ発音を含む文字・単語

car：自動車　cart：カート　art：芸術

star：星　start：始める　smart：利口な

書き方

Ｐと同じようにたて棒から書き始めて，右側に半円，続けて右下に斜線を書き加えます。斜線は半円の付け根，または半円の途中のどちらから書き始めてもかまいません。

Tips！

Ｒに長い耳をつけると，ウサギのように見えませんか？ 小文字は，大文字のたて棒と半円の最初の部分だけが残ったものです。

Worksheet

Q・Rの練習ワーク

年　　　組　　名前

キュー　　Q&A

Q

1 読んでみよう

のどのおくから「クックックッ」と発音したら，「ユー」はくちびるを丸めて突き出すようにして発音しましょう。

2 なぞってみよう

Q Q Q

3 書いてみよう

アー（ア）　　Rabbit

R

1 読んでみよう

日本語の「ア」よりも少し口を大きく開けて，アメリカ発音では「アーァ」，イギリス発音では「アー」のように発音してみましょう。

2 なぞってみよう

R R R

3 書いてみよう

S・Tの練習ワーク 指導のポイント

エス

S

Swan

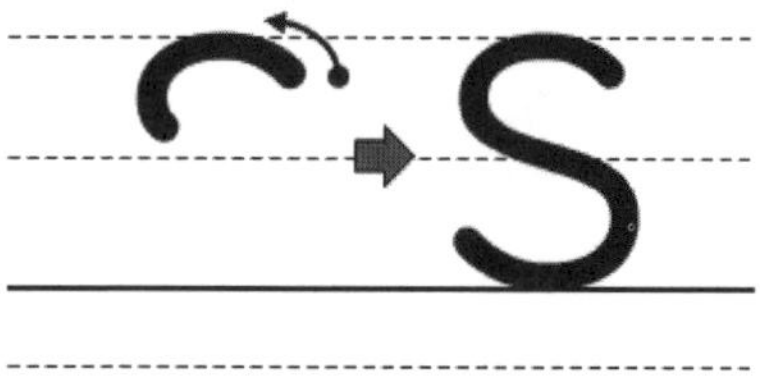

発音のポイント

「エ」は日本語の「エ」で十分に通じます。「ス」は舌と上歯ぐきの間から「スー」と息を抜くように，軽く添えてみましょう。

書き方

時計の文字盤の1のあたりから時計の針とは反対方向に書き始め一筆書きにします。

同じ発音を含む文字・単語

F〔ef〕 L〔el〕 M〔em〕 N〔en〕

X〔eks〕

USA：アメリカ合衆国

yes：はい essence：エッセンス

Tips！

左右を混乱することがもっとも多い文字の1つです。イラストを生かして，「Swan はどちら向きだった」と声をかけてみましょう。

ティー

T

Table

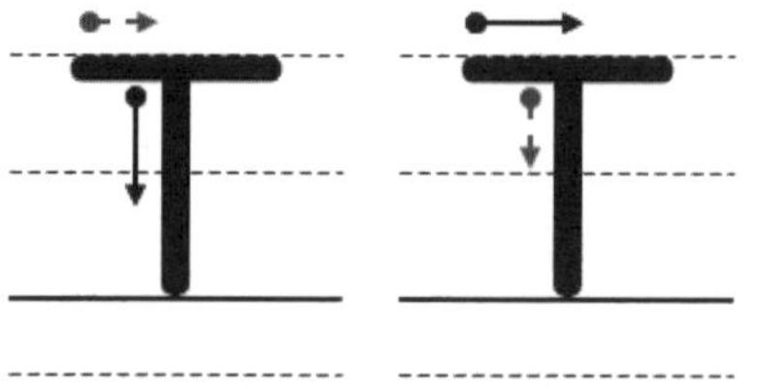

発音のポイント

舌を上の歯ぐきにつけて「トゥトゥトゥ」のように発音したら，「ィー」はくちびるを左右に引いて発音してみましょう。

書き方

たて棒から書くのが基本とされますが，特に決まった書き順はありません。

同じ発音を含む文字・単語

B〔biː〕 C〔siː〕 D〔diː〕 E〔iː〕

G〔dʒiː〕 P〔piː〕 V〔viː〕 Z〔ziː〕

tea：お茶 team：チーム steam：蒸気

Tips！

The などで文頭に来ることが多い文字ですが，The と the を異なる単語だと認識してしまう子もいます。大文字と小文字の似ているところ，違っているところを確認しましょう。

Worksheet

S・Tの練習ワーク

年　　　組　　名前

エス　　　　Swan

S

2 なぞってみよう

S S S

1 読んでみよう

「エ」は日本語の「エ」で十分に通じます。「ス」は舌（した）と上歯ぐきの間から「スー」と息を抜くように言ってみましょう。

3 書いてみよう

ティー　　　　Table

T

2 なぞってみよう

T T T

1 読んでみよう

舌（した）を上の歯ぐきにつけて「トゥトゥトゥ」のように発音したら,「ィー」はくちびるを左右に引いて発音してみましょう。

3 書いてみよう

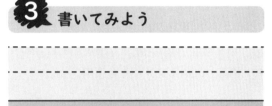

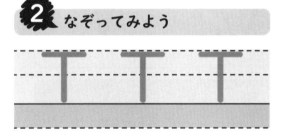

U・Vの練習ワーク 指導のポイント

ユー
U

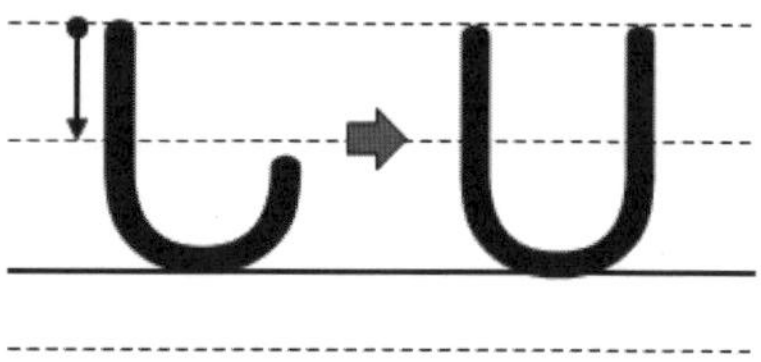

発音のポイント

日本語の「ユー」でも十分通じますが，後半はくちびるを丸く突き出すように発音してみましょう。はっきり発音されるときのyouと同じ発音です。

書き方

左上から一筆書きにします。Vとの字形の違いを確認しましょう。

同じ発音を含む文字・単語

Q〔kju:〕 W〔dˈʌblju:〕
you：あなたは　use：使う　new：新しい
UK：英国　USA：アメリカ合衆国

Tips！

UpやUSAなどの語でもなじみ深いUですが，Uをnと混同する子もいます。cupのUとして，「ひっくりかえしたら中身がこぼれるよ」と声をかけてみましょう。

ヴィー
V

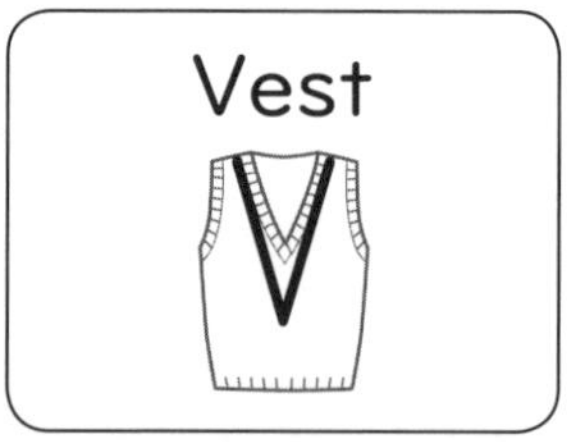

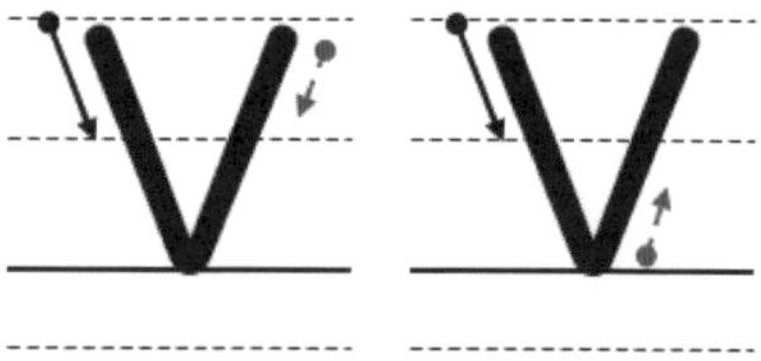

発音のポイント

「ブイ」ではなく，下唇を軽く噛んで「ヴヴヴ」のように発音したら，「ィー」はくちびるを左右に引いて発音してみましょう。

書き方

特に決まった書き方はありません。２本の斜線を上から下に書いてもかまいませんが，左上から一筆書きにすることをお勧めします

同じ発音を含む文字・単語

B〔bi:〕 C〔si:〕 D〔di:〕 E〔i:〕
G〔dʒi:〕 P〔pi:〕 T〔ti:〕 Z〔zi:〕
visa：ビザ　viva：万歳

Tips！

「ヴ」は日本語にはない音です。一筆書きにするときは，下端が丸みを帯びないようにしましょう。

Worksheet

U・Vの練習ワーク

年　　組　名前

ユー　　cup

U

❷ なぞってみよう

U U U

❶ 読んでみよう

日本語の「ユー」でも十分通じますが，くちびるを丸くつき出すように発音してみましょう。

❸ 書いてみよう

ヴィー　　Vest

V

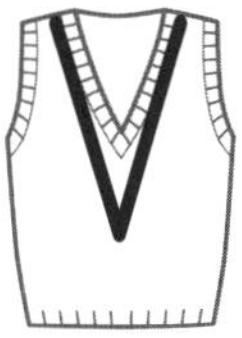

❷ なぞってみよう

V V V

❶ 読んでみよう

下くちびるを軽くかんで「ヴヴヴ」のように発音したら，くちびるを左右に引いて「ィー」と発音してみましょう。

❸ 書いてみよう

W・Xの練習ワーク 指導のポイント

ダブリュー

W

Wine

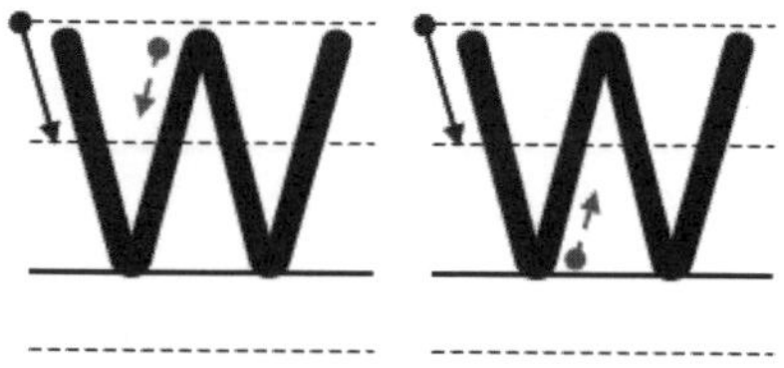

発音のポイント

語頭にアクセントを置いて，「ダ」を強く発音しましょう。「ュー」はくちびるを丸く突き出すように発音してみましょう。

書き方

すべての斜線を上から下に４画に分けて書いても，一筆書きにしてもかまいません。Mと同じように，他の文字に比べて幅広に書きましょう。

同じ発音を含む文字・単語

Q〔kjuː〕　U〔juː〕

WC：トイレ　WHO：世界保健機構

Tips !

イラストではワイングラスを重ねていますが，もともと「ダブル・ユー（U)」を意味する文字です。

エクス

X

fox

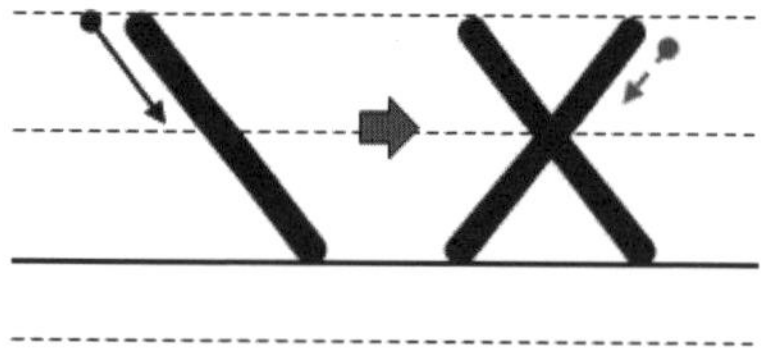

発音のポイント

「エ」は日本語の「エ」で十分に通じます。「クス」は「クスクス」と笑うように，軽く添えてみましょう。

書き方

２本の斜線を真ん中，またはそれより少し上のあたりでクロスさせます。

同じ発音を含む文字・単語

F〔ef〕　L〔el〕　M〔em〕

N〔en〕　S〔es〕

XL：特大　X-ray：エックス線

Tips !

Xで始まる単語はほとんどありません。Xmas は Christmas を省略したつづりで，キリストを表すギリシャ語の頭文字をとったものです。

Worksheet

W・X の練習ワーク

年　　　組　　名前

ダブリュー　　　Wine

W

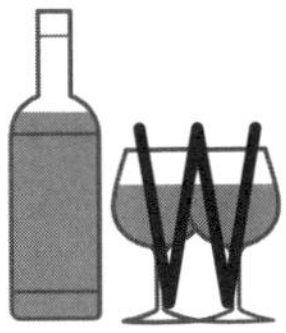

1 読んでみよう

初めの「ダ」を強く，高く，長めに発音し，「ユー」はくちびるを丸くつき出すように発音してみましょう。

2 なぞってみよう

W W W

3 書いてみよう

エクス　　　fox

X

1 読んでみよう

「エ」は日本語の「エ」で十分に通じます。「クス」は「クスクス」と笑うように弱く，短く言ってみましょう。

2 なぞってみよう

X X X

3 書いてみよう

Y・Zの練習ワーク 指導のポイント

ウワィ

Y

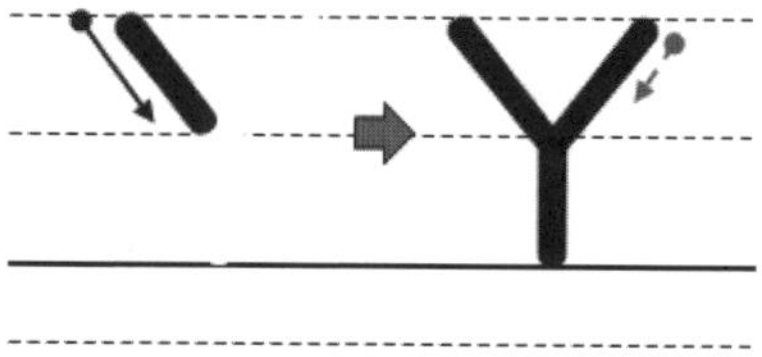

発音のポイント

唇を丸めて突き出し「ゥ」と言った後に,「ワィ」を加えます。「ワ」は日本語の「ワ」でも十分に通じますが,「ィ」ははっきりとした日本語の「イ」のように口を横に開かず,「ェ」に近く軽く添えるように発音します。

同じ発音を含む文字・単語

I〔aɪ〕

why：なぜ　white：白い　wine：ワイン

書き方

小文字の字形と混同しないように,「斜め,斜め,まっすぐ」と言いながら３画に分けて書くようにしましょう。

Tips！

文字の形を思い出すのが難しい子には,両手を伸ばして‘Yawn（ヨーン）’と言いながらあくび（Yawn）して見せましょう。

ズィー

Z

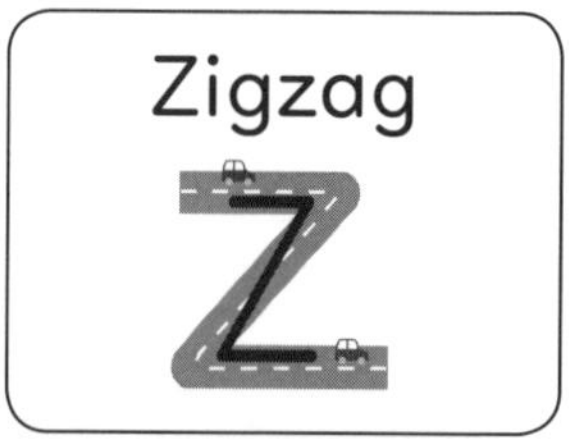

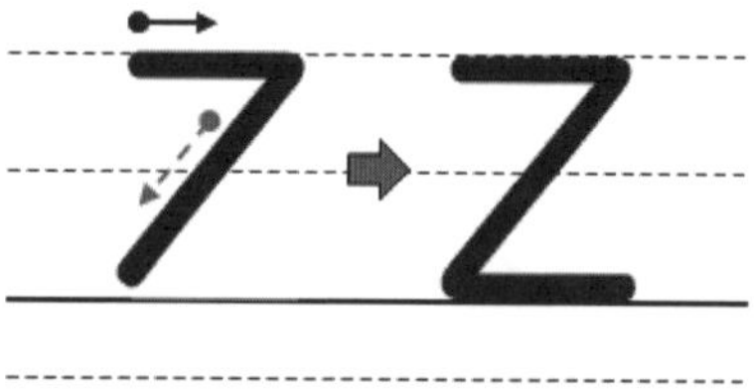

発音のポイント

Cと同じように舌と上の歯ぐきの間から,「ジー」ではなく「ズィー」のように発音しましょう。イギリスでは「ゼド」のようにも発音します。

書き方

左上から「横,斜め,横」,または「ズィグザグ」と言いながら書きましょう。数字の２との混同を防ぐため,Ｚ斜線中央に右下がりの短い斜線を加えることもあります。

同じ発音を含む文字・単語

B〔biː〕　C〔siː〕　D〔diː〕　E〔iː〕

G〔dʒiː〕　P〔piː〕　T〔tiː〕　V〔viː〕

zebra：シマウマ

Tips！

「ツ / ヅ」は舌先を上の歯ぐきにつけて発音するのに対して,「ス / ズ」は舌先を歯ぐきにつけずに発音します。

Worksheet

Y・Zの練習ワーク

年　　組　　名前

ウワィ　　Yawn

Y

2 なぞってみよう

Y Y Y

1 読んでみよう

くちびるを丸めてつき出して「ゥ」といったあとに「ワィ」と言ってみましょう。「ワ」は日本語の「ワ」でも十分に通じます。

3 書いてみよう

ズィー　　Zigzag

Z

2 なぞってみよう

Z Z Z

1 読んでみよう

「ジー」ではなく「ズィー」のように発音しましょう。イギリスでは「ゼド」のようにも発音します。

3 書いてみよう

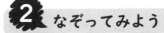

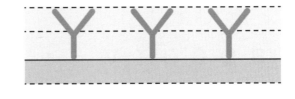

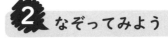

Column 同じ発音を含む文字

▶ 下のアルファベットを音によってグループ分けし，□の中を好きな色でぬり分けましょう。

1　C　E　L　N　P　X　Z

＊ 名前に「イー」をふくむ文字と，「エ」をふくむ文字とでぬり分けましょう。

2　B　D　G　O　T　V

＊ 名前に「イー」をふくむ文字と，「オゥ」をふくむ文字とでぬり分けましょう。

3　A　H　I　J　K　Y

＊ 名前に「エィ」をふくむ文字と，「アィ」をふくむ文字とでぬり分けましょう。

4　F　M　Q　S　U　W

＊ 名前に「エ」をふくむ文字と，「ユー」をふくむ文字とでぬり分けましょう。

▶ 名前に同じ音をふくむ語の上を通って，ゴールを目指しましょう。

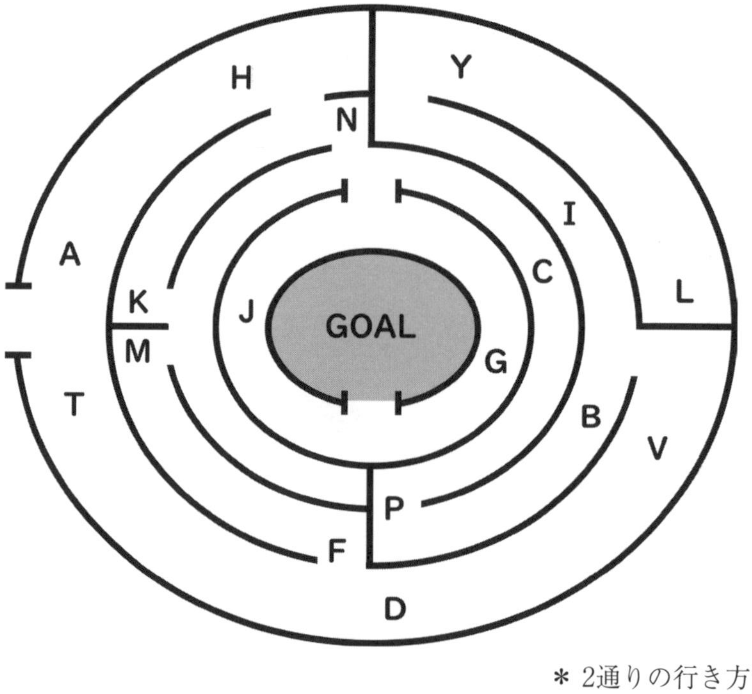

＊ 2通りの行き方があります。

Chapter

3

アルファベット・小文字の
練習ワーク

小文字練習ワーク
活用のポイント

指導者用シート

1 アルファベットの名前と音

多くの場合，アルファベットでは「文字の名前」と「音（読み方）」が異なります。右図の①では基本的な「文字の音」とその発音のポイントについて説明しています。s は「ズ」のように濁って発音されることも多く，c/g は次に来る文字によって発音が異なります。口の形を具体的に説明するなどしながら実際の音を聞かせるとわかりやすくなります。

①
c
Name：スィー
Sound：ク / ス
clown
①
発音のポイント
語中の c は，喉の奥から「ク」と発音します。「clown の /k/」として覚えましょう。k や q も同じように発音します。
同じ発音を含む文字・単語
cat：ネコ　cut：切る　cap：帽子
cup：カップ　cop：警官　copy：コピー
*city：都市　*cent：セント
②

2 同じ発音を含む単語

次の段階の練習につなげるために，参考となる語を取り上げています。「クッ，クッ cat」「クッ，クッ cup」などと発音しながら，c + at や c + up など英単語は基本的に「音の足し算」によって成り立っていることを気づけるようにしましょう。

3 掲載順と書き方のポイント

小文字は「大文字とそっくりな文字」と「どこか似ている文字」に分け，さらに書く位置ごとに「ベースラインの上一段に書く文字」「上二段，または上下二段に書く文字」などのグループに分けて練習を進めます。

また小文字にはすべて，書き方（文字形）を言葉でもとらえられるように説明を加えています。目からのヒントと耳からのヒントの両方を上手に生かして練習しましょう。

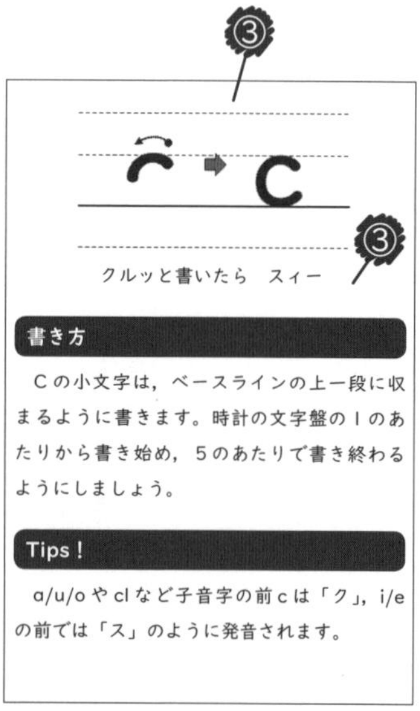
③
c
③
クルッと書いたら　スィー
書き方
C の小文字は，ベースラインの上一段に収まるように書きます。時計の文字盤の 1 のあたりから書き始め，5 のあたりで書き終わるようにしましょう。
Tips !
a/u/o や cl など子音字の前 c は「ク」，i/e の前では「ス」のように発音されます。

生徒用シート

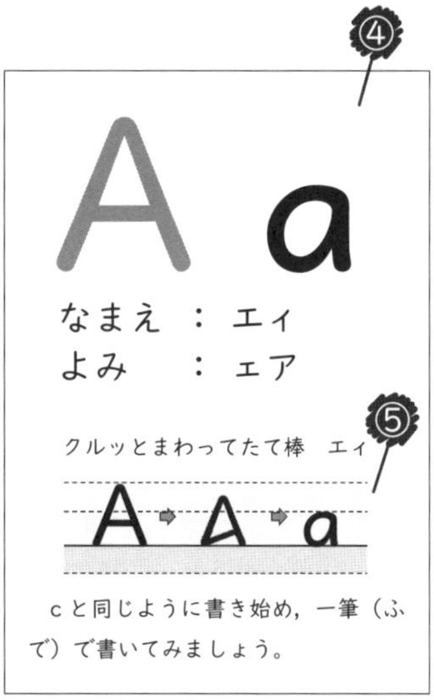

④ イラスト

単語の読み書きにつなげるため，「文字の名前」とともに「よみ」として「文字の音」を示しています。日本語では「あ」は音も「あ」ですが，英語ではaやuのような母音字はそのまま名前と同じように「エィ」「ユー」と読む場合と，「ェア」や「ア」などのように発音する場合があります。母音字に関して，ここでは短母音のみ示しています。

⑤ 大文字と小文字

小文字は大文字が簡略化されるなどして生まれたものです。ここではその変化の過程を示すことで，それぞれを関連づけながら覚えられるようにしています。p.27のワークシートとともに活用してください。

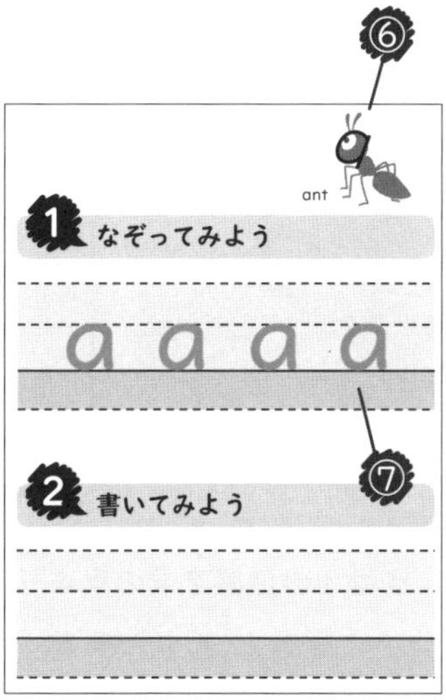

⑥ イラスト

uをのぞいて各文字で始まる語を表すイラストの中に小文字を組み入れ，文字形を印象づけるようにしています。鏡文字が出やすい小文字ですが，jやsなどは「日本列島といっしょだったね」「swanはどっちを向いていた」などと問いかけながら，b / dは前頁のクラウンと同じポーズをとりながら，左からb /c / dと読むなどするのも方法です。uはnとの混同を防ぐため「cupのu」としています。

⑦ なぞり書き・鉛筆で書く練習

大文字の練習と同様にまずは④の枠の中の文字をなぞる練習，まだ鉛筆で書くことになれない子であれば机の上に大きく書くことから始めましょう。最初に書く位置を確認し，慣れるまでは，「クルッとまわってたて棒」などと言いながら練習しましょう。

c・o の練習ワーク 指導のポイント

c

Name：スィー
Sound：ク / ス

clown

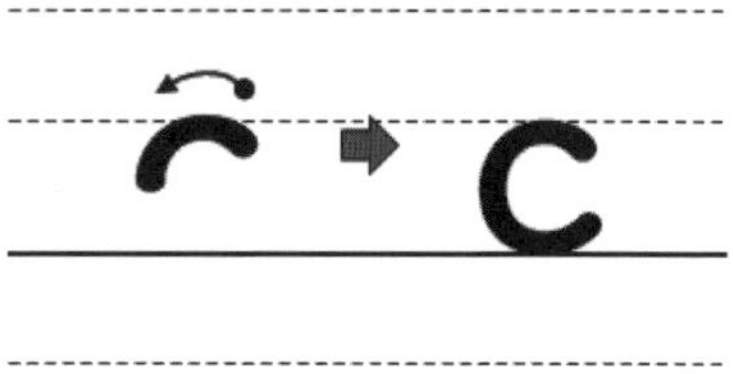

クルッと書いたら　スィー

発音のポイント

語中の c は，喉の奥から「ク」と発音します。「clown の /k/」として覚えましょう。k や q も同じように発音します。

書き方

C の小文字は，ベースラインの上一段に収まるように書きます。時計の文字盤の 1 のあたりから書き始め，5 のあたりで書き終わるようにしましょう。

同じ発音を含む単語

cat：ネコ　cut：切る　cap：帽子
cup：カップ　cop：警官　copy：コピー
*city：都市　*cent：セント

Tips！

a/u/o や cl など子音字の前 c は「ク」，city や cent など i/e の前では「ス」のように発音されます。

---

o

Name：オゥ
Sound：ォア

octpus

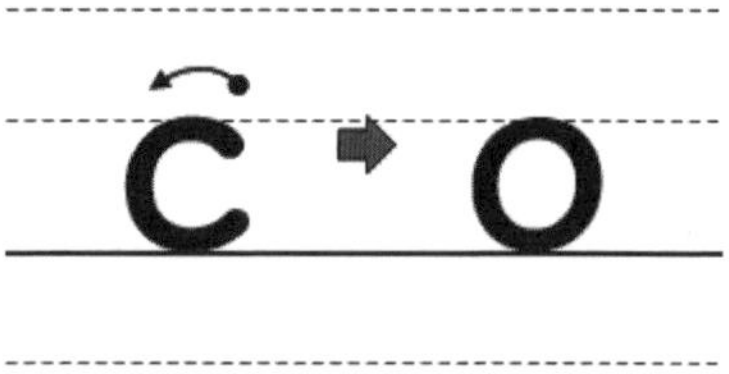

クルッとまわって　オゥ

発音のポイント

o は舌の位置を喉の奥よりにして，口は縦に開いて発音します。米音でも英音でも「オ」よりは「ア」に近くなります。

書き方

やや縦長に，時計の文字盤の 1 のあたりから書き始めましょう。テストの丸つけのように，下から上に書くと字形が崩れることが多いようです。

同じ発音を含む単語

not：…でない　pot：ポット　hot：熱い
hop：跳ぶ　top：頂上　stop：止まる
note：メモ　hope：都市　home：家

Tips！

note や hope / home の o は文字の名前と同じように「オゥ」と発音されます。

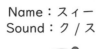

Worksheet

c・o の練習ワーク　大文字とそっくりな文字

年　　　組　　名前

C c

なまえ　：　スィー

よみ　　：　ク／ス

クルッと書いたら　スィー

C → C → c

左右を反対にしないように，クラウンの向きをおぼえましょう。

clown

1 なぞってみよう

c c c c

2 書いてみよう

O o

なまえ　：　オゥ

よみ　　：　ォア

クルッとまわって　オゥ

O → O → o

時計の１時くらいのところから書き始めましょう。

octpus

1 なぞってみよう

o o o o

2 書いてみよう

s・x の練習ワーク 指導のポイント

s

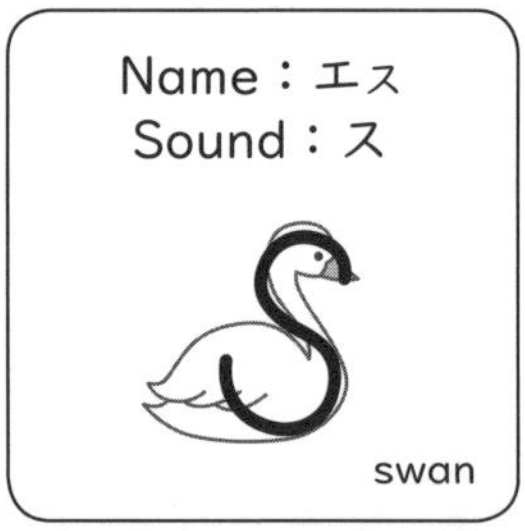

Name：エス
Sound：ス
swan

くねくねっと　エス

発音のポイント

語中のsは「ス」のように発音します。舌と上の歯ぐきの間から「スー」と息を抜くように言ってみましょう。

書き方

時計の文字盤の1のあたりから書き始めます。鏡文字になるときには，swan：白鳥 の向きを確認しましょう。

同じ発音を含む単語

sat：sit の過去形　set：置く　sit：座る
sun：太陽　sung：sing の過去分詞
song：歌　sing：歌う

Tips！

sat/set/song/sung 等の s は日本語の「ス」でも十分通じますが，sit/sing などは日本語の「シ：sh の音に近い」にならないように気をつけましょう。

---

x

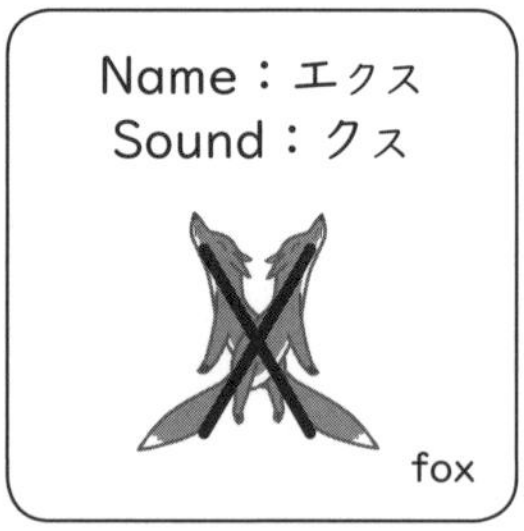

Name：エクス
Sound：クス
fox

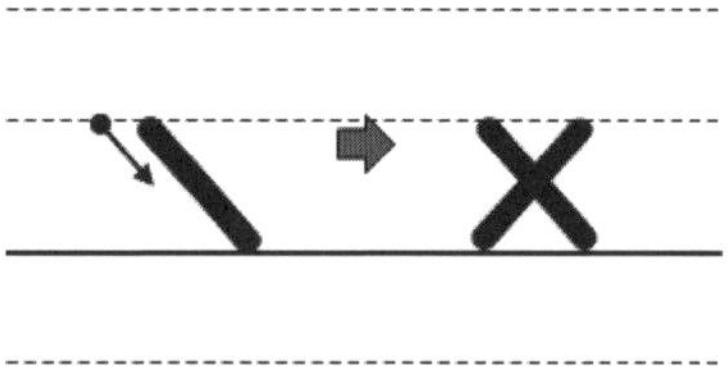

ばってん　エクス

発音のポイント

x は「クスクス」と笑うように発音します。s の音に /k/ を加えると x の音になることを気づけるようにしましょう。

書き方

ベースラインの上一段だけを使って，2本の斜線を真ん中，またはそれより少し上のあたりでクロスさせます。

同じ発音を含む単語

box：箱　fox：きつね　fix：修理する
six：6，6の　mix：まぜる　max：最大限
fax：ファックス　wax：ワックス
ax(axe)：おの

Tips！

x で始まる語は，xylophone：木琴 などわずかしかありません。

Worksheet

s・x の練習ワーク 大文字とそっくりな文字

年　　　組　　名前

S　s

なまえ　：　エス
よみ　　：　ス

くねくねっと　エス

S → S → s

左右を反対にしないように，スワンの向きをおぼえましょう。

swan

1 なぞってみよう

s s s s

2 書いてみよう

X　x

なまえ　：　エクス
よみ　　：　クス

ばってん　エクス

X → X → x

真ん中の一段（だん）だけを使って書きましょう。

fox

1 なぞってみよう

x x x x

2 書いてみよう

v・w の練習ワーク 指導のポイント

v

Name：ヴィー
Sound：ヴ

vest

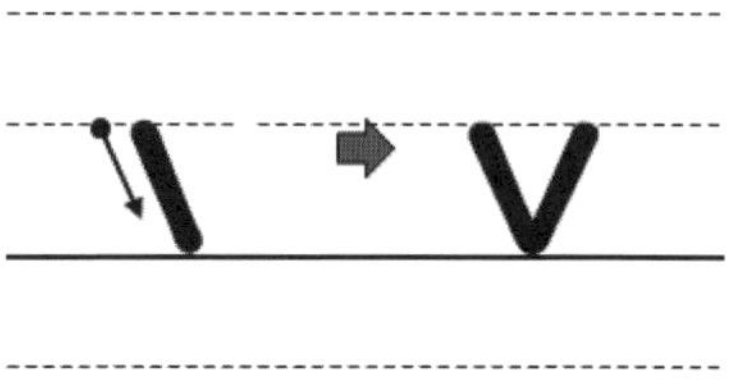

とんがり　ヴィー

発音のポイント

下唇を軽く噛んで「ヴ」のように発音します。日本語にはない音です。バ行の子音 /b/ と対比しながら練習してみましょう。

同じ発音を含む単語

vet：獣医　vest：ベスト　vast：広大な
wave：波　save：救う　vase：花びん
*bet：賭ける　*best：最善の
*base：土台

書き方

特に決まった書き順はありません。２本の斜線を上から下に２画で書いてもかまいませんが，左上から一筆書きにすることをお勧めします。

Tips !

２画で書くと x や y と区別があいまいになることがありますので気をつけましょう。

---

w

Name：ダブリュー
Sound：ウ

wine

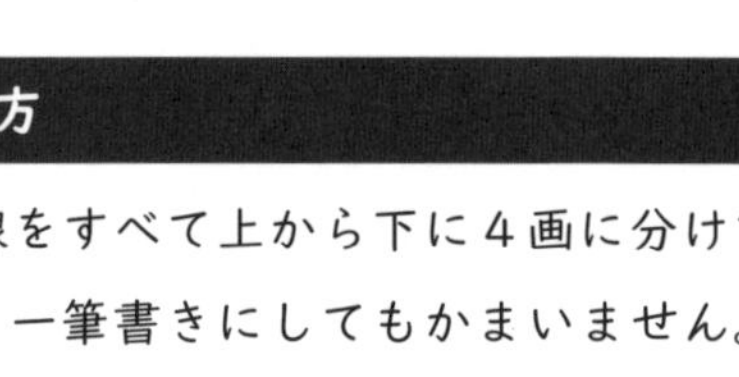

ギザギザ　ダブリュー

発音のポイント

日本語の「ウ」とは大きく異なります。唇を丸めて突き出すようにして「ウ」と発音しましょう。

同じ発音を含む単語

wag：振る　wet：ぬれた　well：よく
wig：かつら　wit：機智
will：…するつもり
wish：望む　*wash：洗う

書き方

斜線をすべて上から下に４画に分けて書いても，一筆書きにしてもかまいません。ベースラインの上一段だけを使って書きます。

Tips !

wash：洗う　want：ほしい　watch：見る　water：水　など w のあとの a は o のように発音されます。

Worksheet

v・w の練習ワーク 大文字とそっくりな文字

年　　　組　　名前

vest

V v

なまえ　：ヴィー
よみ　　：ヴ

とんがり　ヴィー

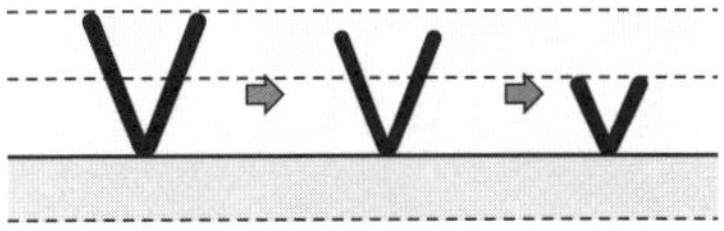

「とんがり」と，一筆（ふで）で書いてもかまいません。

1 なぞってみよう

v v v v

2 書いてみよう

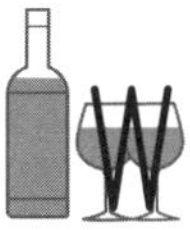
wine

W w

なまえ　：ダブリュー
よみ　　：ウ

ギザギザ　ダブリュー

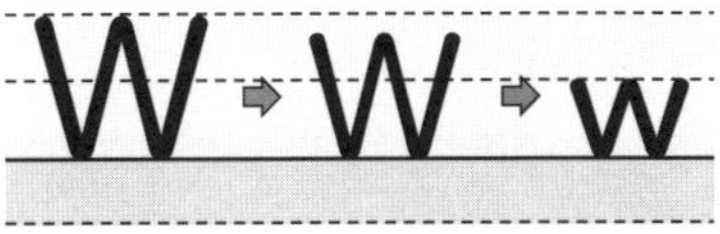

「ギザギザ」と，一筆（ふで）で書いてもかまいません。

1 なぞってみよう

w w w w

2 書いてみよう

z・p の練習ワーク 指導のポイント

z

Name：ズィー
Sound：ズ
zigzag

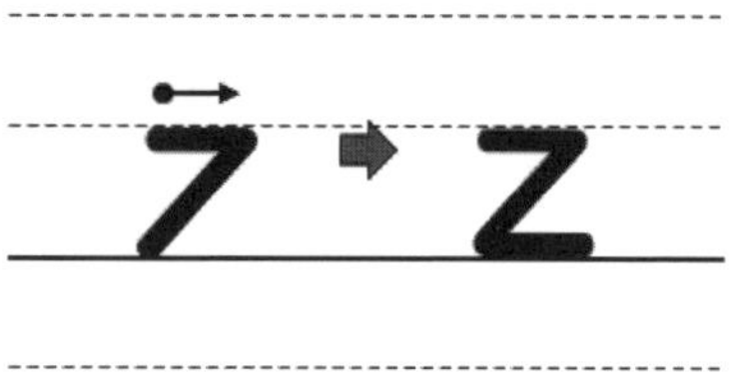

ジグザグ　ズィー

発音のポイント

sが濁った音です。sと同じように舌と上の歯ぐきの間から「ズ，ズ，ズ」のように発音しましょう。

書き方

左上から一筆書きにしましょう。数字の2との混同を防ぐため，斜線中央に右下がりの短い斜線を加えることもあります。

同じ発音を含む単語

zip：ジッパー　zap：やっつける
zoo：動物園　zoom：ズーム
lazy：怠惰な　crazy：狂気の

Tips！

「ヅ」は舌先を上の歯ぐきにつけて発音するのに対して，「ズ」は舌先を歯ぐきにつけずに発音します。

p

Name：ピィー
Sound：プ
panda

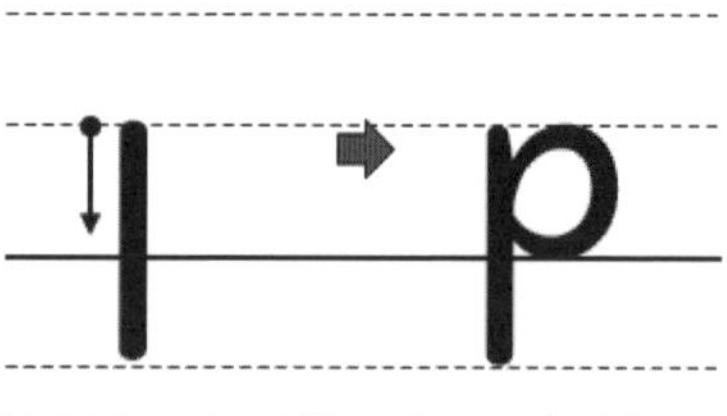

地下室にたて棒　クルッとピィー

発音のポイント

日本語のパ行を発音するときよりも，唇をしっかりと結んで，ためた息を勢いよく前に押し出すように発音します。

書き方

ベースラインの上下一段を使ってきます。qとの混同を防ぐために，pは常にたて棒から，そのまま上に戻って一筆書きにしてもかまいません。

同じ発音を含む単語

pat：軽くたたく　pot：ポット　pit：穴
pet：ペット　pan：平なべ
pun：だじゃれ　pin：ピン　pen：ペン

Tips！

punのuは「ア」と発音します。put/push/pullなどuを「ウ」のように言うのは英語としてはむしろ例外的です。

Worksheet

z・p の練習ワーク 大文字とそっくりな文字

年　　　組　　名前

Z z

なまえ　：ズィー
よみ　　：ズ

ジグザグ　ズィー

Z ➡ Z ➡ z

真ん中の一段（だん）に，一筆（ふで）で書いてみましょう。

zigzag

1 なぞってみよう

z z z z

2 書いてみよう

P p

なまえ　：ピィー
よみ　　：プ

地下室にたてぼう　クルッとピィー

P ➡ P ➡ p

一線の上下一段（だん）を使って，たて棒から書きましょう。

panda

1 なぞってみよう

p p p p

2 書いてみよう

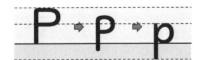

a・e の練習ワーク 指導のポイント

a

Name：エィ
Sound：ェア

ant

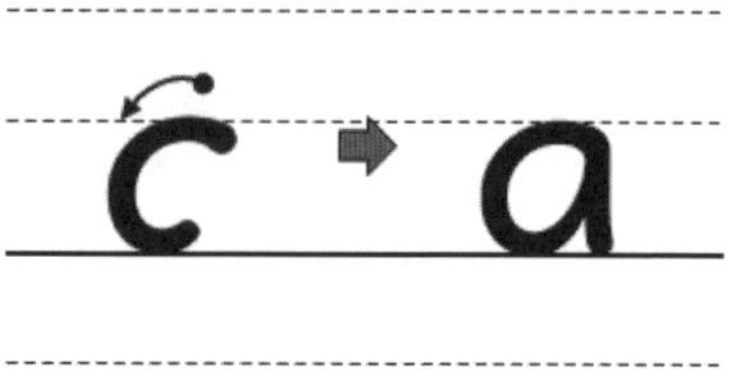

クルッとまわってたて棒　エィ

発音のポイント

口を横に開いて「ェア」のように発音します。舌の位置は「エ」と「ア」の中間ぐらいになります。

書き方

大文字の左足がなくなって丸みをおびた字形です。c と同じように書き始め一筆書きにしましょう。半円とたて棒を２画に分けて書くと，バランスが悪くなるなどしがちです。

同じ発音を含む単語

at：…に　fat：太った　hat：帽子
mat：マット　rat：ネズミ　what：何
chat：おしゃべり　that：あれは

Tips！

cat：ネコ の a と cut：切る の u の発音を比較してみましょう。

---

e

Name：イー
Sound：エ

egg

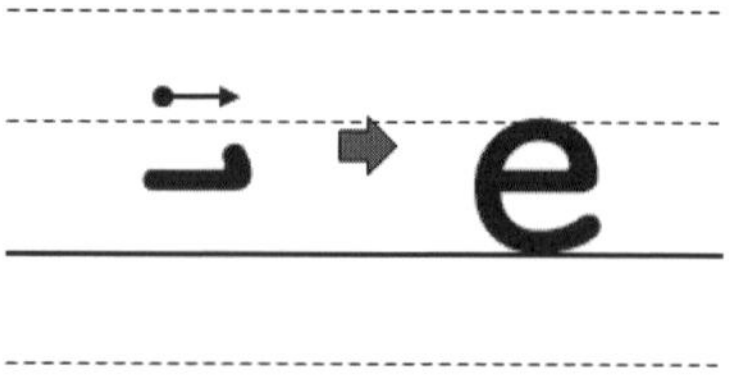

横線クルッでイー

発音のポイント

日本語の「エ」で十分に通じます。「イ」と混同することもあります。egg の「エ」と覚えましょう。

書き方

大文字が丸みをおびた字形です。横線から書き始めて一筆書きにしましょう。

同じ発音を含む単語

jet：ジェット　let：…させる
pet：ペット　net：網　ten：10（の）
pen：ペン　hen：めんどり
when：いつ　then：そのとき

Tips！

English：英語 など e は /ɪ/ と発音されることもあります。note：メモ や wine：ワイン などの語尾の e は発音されません。

Worksheet

a・eの練習ワーク どこか似ている文字

年　　　組　　名前

ant

A a

なまえ　：エィ
よみ　　：ェア

クルッとまわってたて棒　エィ

A → A → a

c と同じように書き始め，一筆（ふで）で書いてみましょう。

1 なぞってみよう

a a a a

2 書いてみよう

egg

E e

なまえ　：イー
よみ　　：エ

よこ線クルッで　イー

E → E → e

よこ線から書き始め，一筆（ふで）で書いてみましょう。

1 なぞってみよう

e e e e

2 書いてみよう

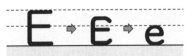

m・n の練習ワーク 指導のポイント

m

Name：エム
Sound：ム

mountain

たて棒ふた山で　エム

発音のポイント

唇を閉じ，鼻から息を抜いて，「ム」と言ってみましょう。

書き方

「たて棒ふた山」と言いながら，一筆書きにしましょう。次の n などに比べると横広になります。

同じ発音を含む単語

map：地図　mop：モップ　mad：怒って
mud：泥　mid：中間の　mass：多数
mess：乱雑　moss：苔　miss：し損なう

Tips！

/m/ と /n/ のように鼻から出す音を「鼻音」と言います。

---

n

Name：エン
Sound：ン

nurse

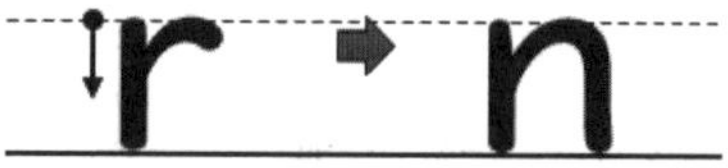

たて棒ひと山で　エン

発音のポイント

舌先を前歯ではなく歯ぐきにしっかりとつけて「ン」または「ンヌ」のように鼻から音を出しましょう。

書き方

「たて棒ひと山」と言いながら，一筆書きにしましょう。たて棒と山なりの部分は同じ高さになるようにしましょう。

同じ発音を含む単語

not：…ない　net：網　nut：ナッツ
nap：昼寝　nip：つねる
snap：ポキンと折れる　snip：切り取る

Tips！

h/r や u と混同する子もいます。「ナースの髪の毛」と言いながら，文字形を印象づけましょう。

Worksheet

m・nの練習ワーク どこか似ている文字

年　　　組　　名前

M m

mountain

なまえ　：エム
よみ　　：ム

たてぼうふた山で　エム

M → m → m

「たてぼうふた山」と言いながら一筆（ふで）で書きましょう。

1 なぞってみよう

m m m m

2 書いてみよう

N n

nurse

なまえ　：エン
よみ　　：ン

たてぼうひと山で　エン

N → n → n

「たてぼうひと山」と言いながら一筆（ふで）で書きましょう。

1 なぞってみよう

n n n n

2 書いてみよう

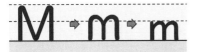

r・uの練習ワーク 指導のポイント

r

Name：アー（ァ）
Sound：ゥル

rabbit

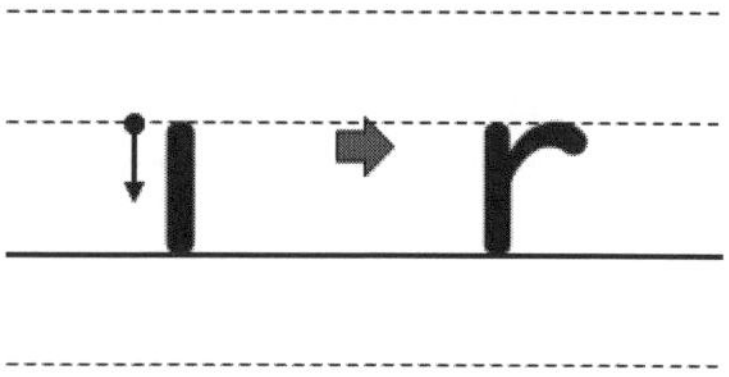

ウサギがピョンピョン アー（ァ）

発音のポイント

軽く「ゥ」と言ってから，舌先はどこにもふれないように「ル」と発音してみましょう。

書き方

nと同じように，一筆書きにします。nと混同するときは，「ウサギが頭をぶつけないように」と助言してみましょう。

同じ発音を含む単語

red：赤　rod：さお　rid：取り除く
rub：こする　rob：奪う　rib：肋骨
rack：棚　rock：岩　truck：貨物自動車

Tips！

小文字では，大文字のかなりの部分が略されています。ともにrabbitと関連づけて覚えましょう。

---

u

Name：ユー
Sound：ア

cup

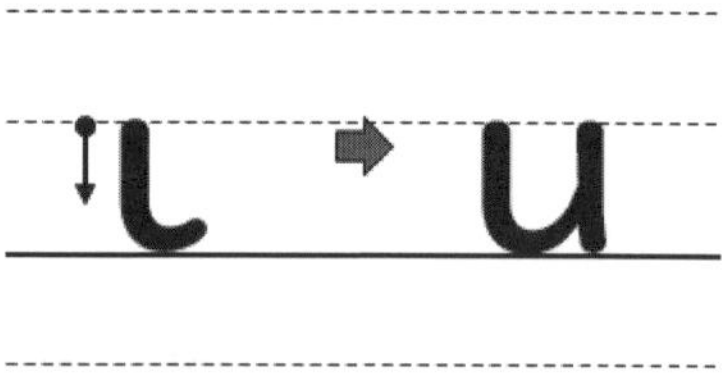

カップにたて棒　ユー

発音のポイント

ローマ字とまったく異なるため間違えやすいところですが，音は日本語の「ア」で十分に通じます。

書き方

Uを書いたら，たて棒は下から上がってきた線上をなぞるように，まっすぐ下に書き始めましょう。

同じ発音を含む単語

up：上へ　cup：茶碗　cut：切る
but：しかし　nut：ナッツ　hut：小屋
bug：虫　hug：抱きしめる　mug：マグ

Tips！

nと混同するときは，「逆さにしたら水がこぼれるよ」と助言しましょう。発音を重視するならupの「ア」とする方法もあります。

Worksheet

r・uの練習ワーク　どこか似ている文字

年　　　組　　名前

R r

なまえ　：　アー（ァ）
よみ　　：　ゥル

ウサギがピョンピョン アー（ァ）

R → R → r

ウサギが地めんに頭をぶつけないようにしましょう。

rabbit

1 なぞってみよう

r r r r

2 書いてみよう

U u

なまえ　：　ユー
よみ　　：　ア

カップにたてぼう　ユー

U → U → u

Ｕを書いたら，たてぼうはまっすぐ下に書き始めましょう。

cup

1 なぞってみよう

u u u u

2 書いてみよう

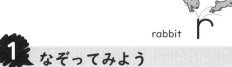

b・d の練習ワーク 指導のポイント

b

Name：ビィー
Sound：ブ

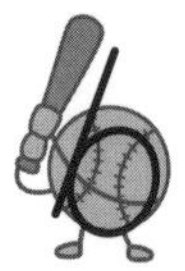

bat & ball

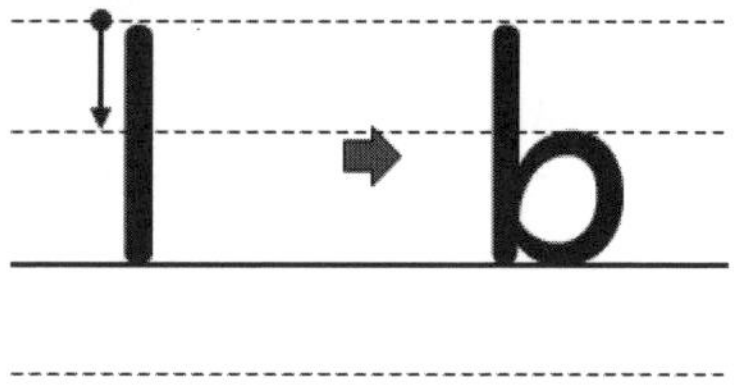

2階からたて棒クルッで　ビィー

発音のポイント

/p/ に対する有声音です。唇をしっかりと結んで，ためた息を勢いよく前に押し出すように「ブ」っと発音しましょう。

書き方

d との混同を防ぐためにも，大文字と同じようにたて棒から書き始めましょう。

同じ発音を含む単語

bag：バッグ　bug：虫　bog：沼地
big：大きい　beg：頼む　bat：バット
but：しかし　bit：わずか　bet：賭ける

Tips！

鏡文字を防ぐには，絵からのヒントを生かすのも有効です。「バットとボール 1 個」とも言いながら練習してみましょう。

---

d

Name：ディー
Sound：ドゥ

drum

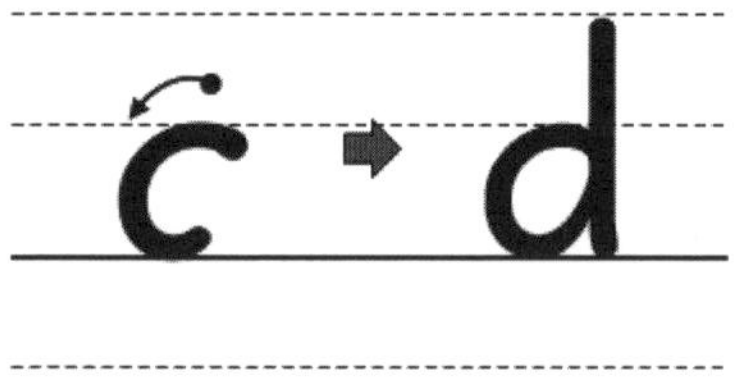

c 書いて2階からたて棒　ディー

発音のポイント

/t/ に対する有声音です。舌先を上の歯ぐきにつけて「ドゥ」と発音しましょう。

書き方

b や a と混同を防ぐためにも，d は c と同じように書き始め，たて棒は「最上部（2階）から」と強調しましょう。

同じ発音を含む単語

duck：アヒル　deck：甲板　dock：ドック
desk：机　disk：円盤　dog：犬
dig：掘る　dug：dig の過去・過去分詞

Tips！

一般に日本語の「ト / ド」は舌先を前歯につける「歯音」ですが，/d/ は舌先を「歯ぐき」につけるようにします。

Worksheet

b・d の練習ワーク　どこか似ている文字

年　　　組　　名前

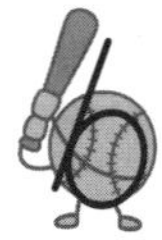

B b

なまえ　：ビィー
よみ　　：ブ

2かいからたてぼうクルッで ビィー

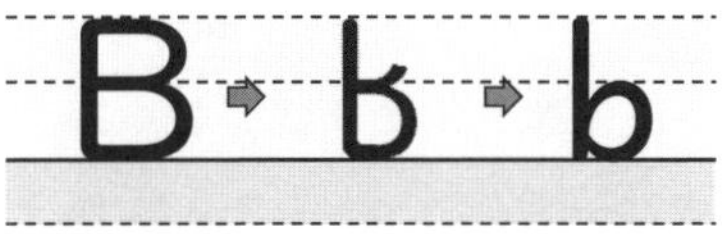

たてぼうから書き始めるようにしましょう。

1 なぞってみよう

b b b b

2 書いてみよう

D d

なまえ　：ディー
よみ　　：ドゥ

c書いて2かいからたてぼう ディー

cから始めて，たてぼうは2かいから書きましょう。

1 なぞってみよう

d d d d

2 書いてみよう

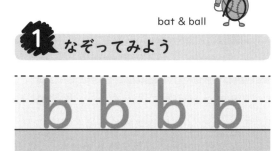

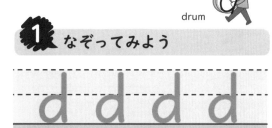

h・k の練習ワーク 指導のポイント

h

Name：エイチ
Sound：ハ

horse

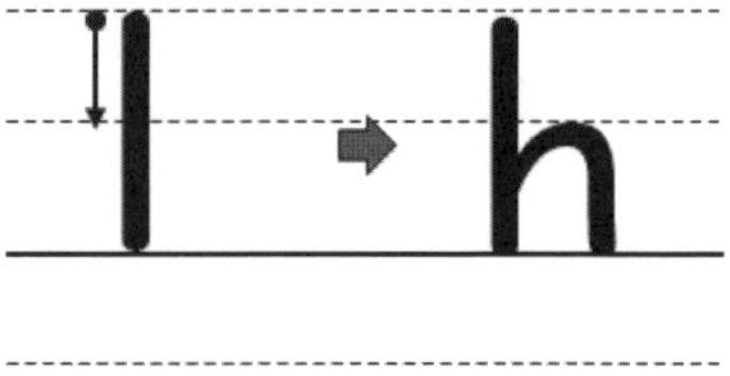

２階からたて棒　ひと山で　エイチ

発音のポイント

窓に息を吐きかけるように「ハッ」と発音してみましょう。/h/ は後に続く母音と同じ口の形をとるため，独自の口形を持ちません。

書き方

n と混同しないよう，「馬の首は長く」と言って，たて棒は最上部から書くことを確認しましょう。

同じ発音を含む単語

hat：帽子　hut：小屋　hot：熱い
hit：打つ　hint：ヒント　hunt：狩る
hen：めんどり　hell：地獄　hill：丘

Tips !

h ＋ it ＝ hit や h ＋ at ＝ hat などの「音の足し算」に困難を示す子は少なくありません。ヘボン式ローマ字では，「フ」は fu と記すことも確認しましょう。

---

k

Name：ケィ
Sound：ク

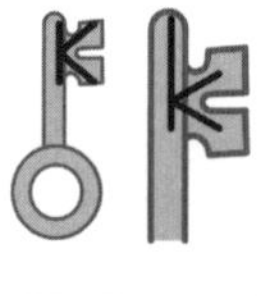

key

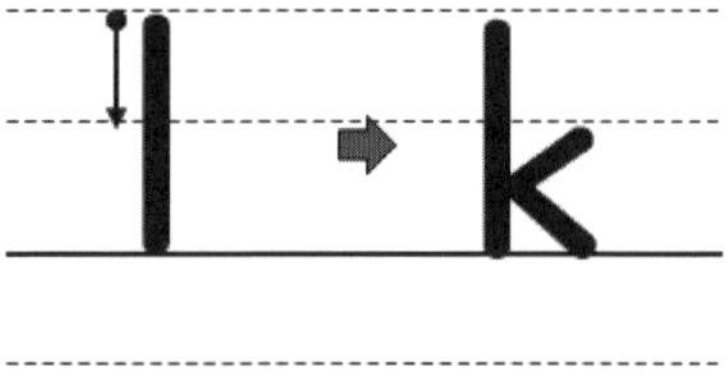

２階からたて棒　ななめななめで ケィ

発音のポイント

喉の奥から「ク」と発音しましょう。英語では k の出番は意外と少なく，c がこれに替わることが多くなります。

書き方

たて棒に接した斜線をそのまま折り返して２画で書く方法と，斜線を互い違いにして３画に分けて書く書体があります。

同じ発音を含む単語

kit：用具一式　kid：子ども　kick：ける
king：王　kiss：キス　kettle：やかん

Tips !

大文字に比べ小文字では，斜線がたて棒に接する位置が下に移動していることを確認しましょう。

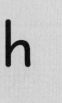

Worksheet

h・kの練習ワーク どこか似ている文字

年　　　組　　名前

H h

なまえ　：　エイチ

よみ　　：　ハ

2かいからたてぼうひと山で エイチ

H ➡ h ➡ h

horseのhは首の部分を長く書きましょう。

horse

1 なぞってみよう

h h h h

2 書いてみよう

K k

なまえ　：　ケイ

よみ　　：　ク

2かいからたてぼう
ななめななめで ケイ

K ➡ k ➡ k

ななめの線が下にさがって，短くなっています。

key

1 なぞってみよう

k k k k

2 書いてみよう

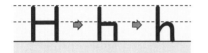

f・l の練習ワーク 指導のポイント

f

Name：エㇷ
Sound：フ

flower

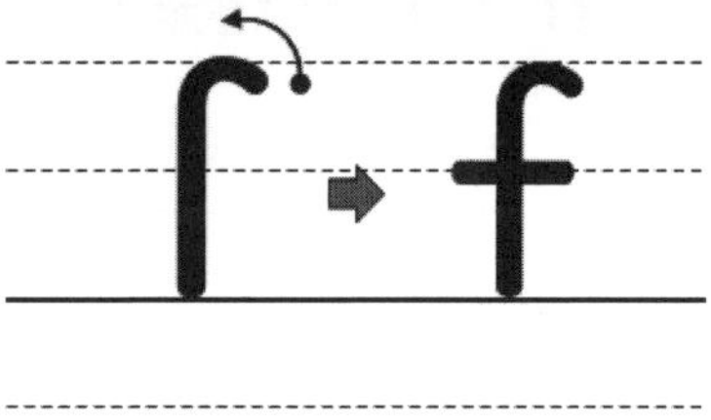

２階からまがって横線　エㇷ

発音のポイント

日本語の「フ」に似ていますが，調音方法が異なります。下唇の内側を軽くかんで，「フ」と発音してみましょう。

書き方

大文字が丸みをおび，横線は左に移動しています。横線から書いてもかまいません。

同じ発音を含む単語

fan：ファン　fun：楽しい　fin：ひれ
fence：柵　fax：ファックス　fix：直す
fox：キツネ　fog：霧　fig：イチジク

Tips！

t との混同する子もいます。「ひまわりの花は重いようだね」などと上部の曲がりを強調しましょう。

---

l

Name：エゥ
Sound：ンル

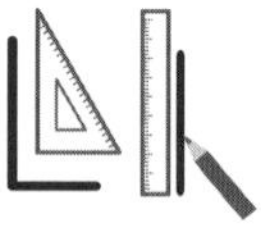

line

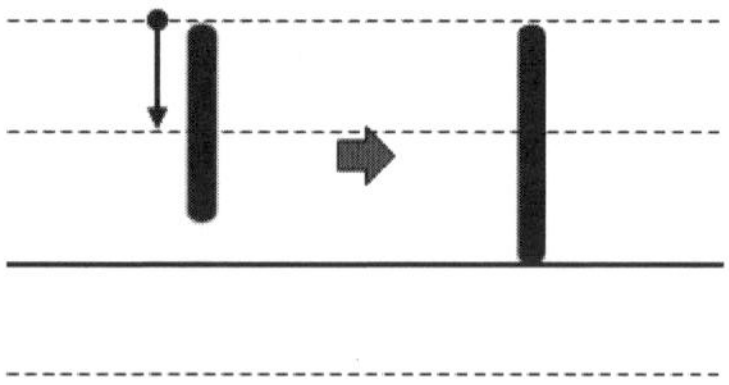

２階からたて棒　エゥ

発音のポイント

舌先を歯ぐきにつけて「ンル」のように発音しましょう。bell や milk など母音字が続かないときの l は「ゥ」のようになります。

書き方

小文字はまっすぐ一本棒ですが，I と混同する子もいます。横線が消えていることを確認しましょう。

同じ発音を含む単語

lap：ひざ　lip：くちびる　lot：たくさん
let：…させる　left：左　lift：持ち上げる
lack：不足　luck：幸運　lock：錠

Tips！

l の音には r に比べて軽く，明るい響きがありますが，発音があいまいになる bell や milk などの l は「暗い l」と呼ばれます。

Worksheet

f・l の練習ワーク　どこか似ている文字

年　　　組　　名前

F　f

なまえ　：　エフ
よみ　　：　フ

1 なぞってみよう

f　f　f　f

2かいからまがってよこ線　エフ

2 書いてみよう

たてぼうはしっかり曲げて書きましょう。

L　l

なまえ　：　エゥ
よみ　　：　ンル

1 なぞってみよう

l　l　l　l

2かいからたてぼう　エゥ

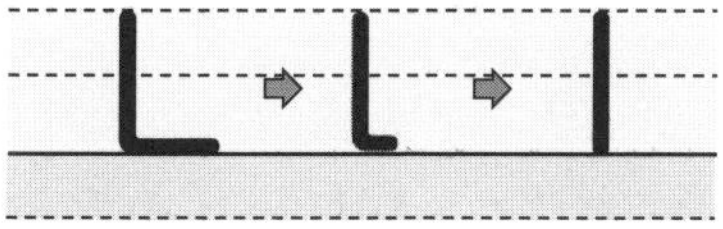

2 書いてみよう

よこ線がなくなって，一本ぼうになっています。

t・i の練習ワーク 指導のポイント

t

Name：ティー
Sound：トゥ

top

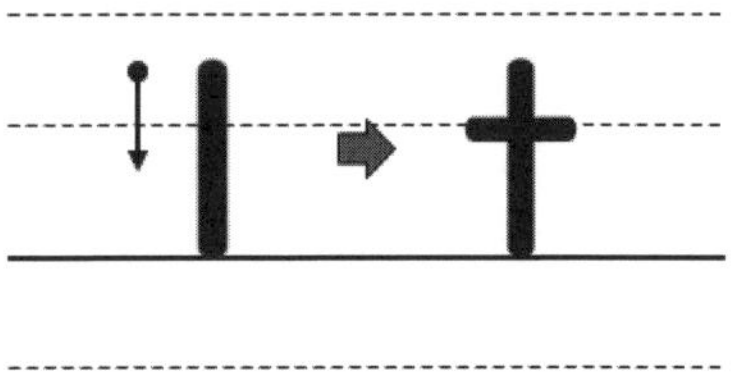

たて棒横線　ティー

発音のポイント

一般に日本語の「タ」「テ」「ト」は舌先を前歯につけますが，/t/ は舌先を上の歯ぐきにつけて「トゥ」と発音します。

書き方

縦から書くのが基本とされますが，横線から書いてもかまいません。たて棒は第1線と第２線の中間あたりから，横線は第２線上に書くようにしましょう。

同じ発音を含む単語

ten：10　tin：ブリキ　tan：日焼けする
tag：値札　tug：強く引く　top：頂上
tip：ヒント　stop：止まる　step：歩み

Tips！

アメリカは発音では water や letter などの t が /r/ のように聞こえることもあります。

---

i

Name：アィ
Sound：イ（アィ）

ink

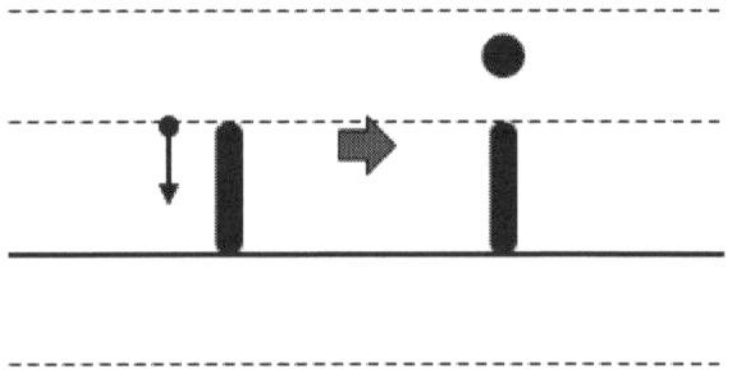

たて棒　点でアィ

発音のポイント

日本語の「イ」と「エ」の中間のように聞こえます。「エ」というときの口の形で，「イ」と言ってみましょう。

書き方

たて棒は第２線から書き始め，第1線と第２線の中間あたり点を打ちます。

同じ発音を含む単語

hit：打つ　kit：一式　sit：座る　pit：穴
big：大きい　pig：豚　dig：掘る
fish：魚　dish：料理　wish：望む
finish：終わる

Tips！

日本語では「イ」も「イー」も同音ですが，sit：座る の i と seat：席 の ea では発音が異なります。前者は口をあまり開かずに，seat の ea は口を横に開いて「イー」と発音します。

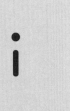

Worksheet

t・iの練習ワーク　どこか似ている文字

年　　　組　　名前

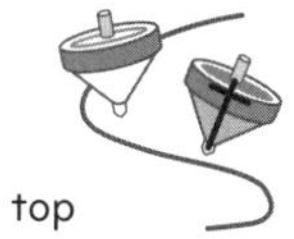

T　t

なまえ　：ティー
よみ　　：トゥ

たてぼうよこ線　ティー

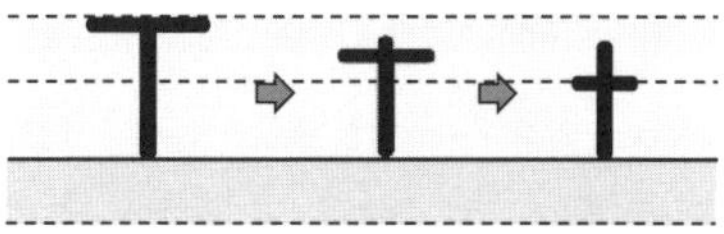

よこ線から書き始めてもかまいません。

1 なぞってみよう

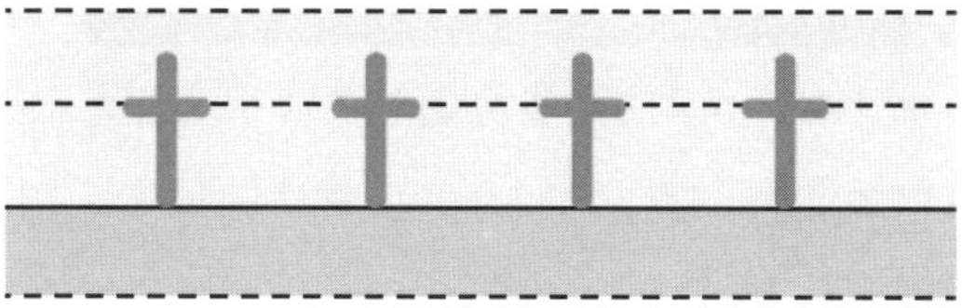

2 書いてみよう

I　i

なまえ　：アィ
よみ　　：イ（アィ）

たてぼう　点でアィ

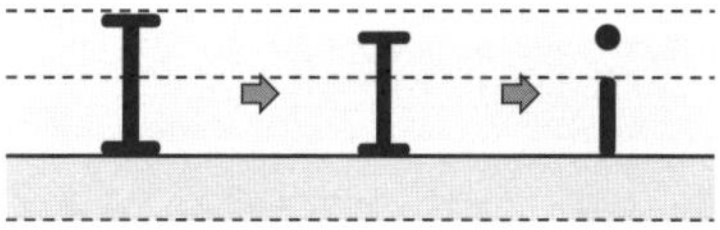

点は第１線と第２線の中間あたりに打ちましょう。

1 なぞってみよう

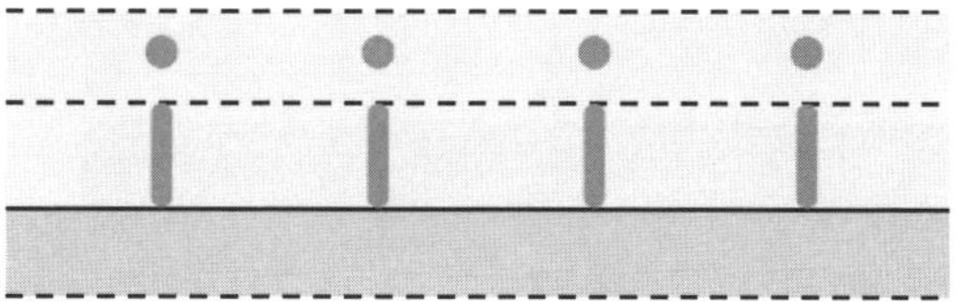

2 書いてみよう

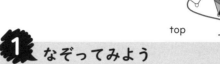

j・y の練習ワーク 指導のポイント

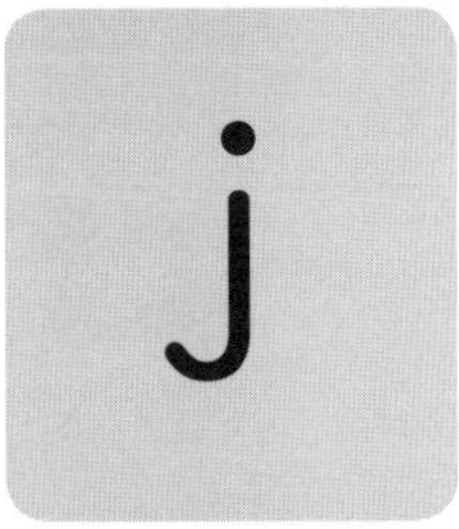
j

Name：ヂェィ
Sound：ヂ
j
Japan

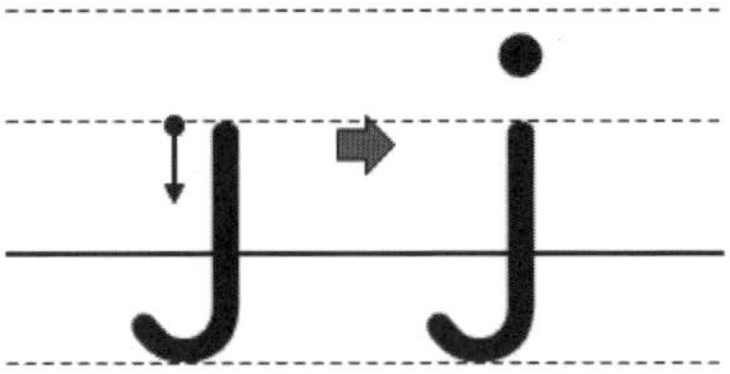

地下室に釣り針　点でヂェィ

発音のポイント

日本語の「ジ」でも十分通じますが，舌先を上の歯ぐきにつけて，「ヂ」のように発音してみましょう。

書き方

たて棒は第２線から書き始め，点は第１線と第２線の中間あたりに打ちます。鏡文字になりやすい文字です。日本列島と同じ方向に曲がることを確認しましょう。

同じ発音を含む単語

jet：ジェット　jut 突き出る　job：仕事
jam：ジャム　jump：跳ぶ　jab：突く
jug：水差し　jog：ゆっくり走る

Tips！

「シ / ジ」は舌先を歯ぐきにつけずに発音するのに対して，「チ / ヂ」は舌先を上の歯ぐきにつけて発音します。

y

Name：ゥワィ
Sound：イ（アィ）
yawn

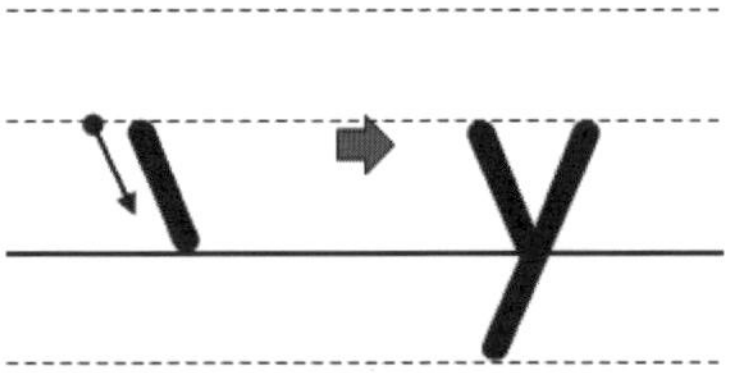

ななめ　地下室にななめで　ゥワィ

発音のポイント

日本語のヤ行の子音 /j/ と同じように発音します。cry/dry/type などの語では「アィ」と発音します。

書き方

２画目の斜線は，ベースラインをまっすぐに一番下まで突き抜けます。

同じ発音を含む単語

yes：はい　yet：まだ
yell：大声をあげる　yellow：黄色
cry：泣く　dry：乾いた
fry：揚げる　fly：飛ぶ　why：なぜ

Tips！

“Yawn（ヨーン）”と言いながらあくびをしたら，体を傾けて大文字と小文字の字形の違いを確認しましょう。

Worksheet

j・yの練習ワーク　どこか似ている文字

年　　　組　　名前

J j

なまえ　：　ヂェィ
よみ　　：　ヂ

ちかしつにつりばり 点でヂェィ

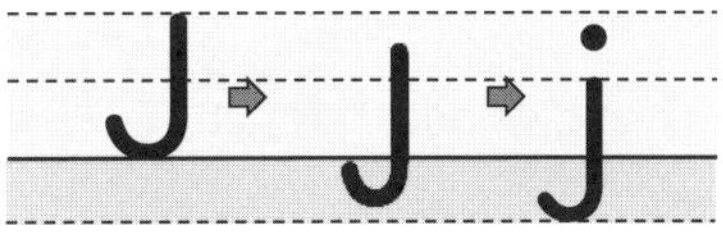

日本と同じほうこうにまがります。

Japan

1 なぞってみよう

2 書いてみよう

Y y

なまえ　：　ゥワィ
よみ　　：　イ（アィ）

ななめ ちかしつにななめで ゥワィ

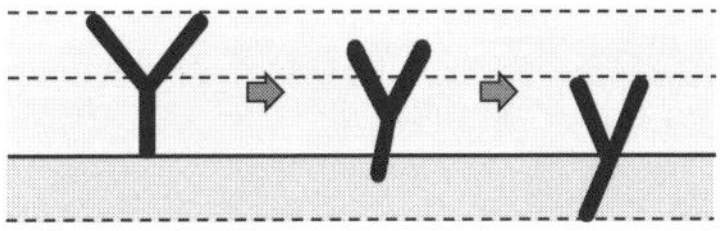

２本目のななめ線は，まっすぐ一番下までつきぬけます。

yawn

1 なぞってみよう

2 書いてみよう

g・q の練習ワーク 指導のポイント

g

Name：ヂー
Sound：グ / ヂ

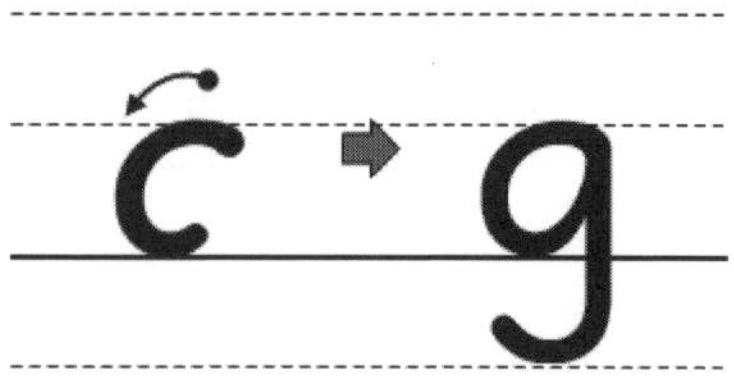

クルッとまわって地下室に釣り針　ヂー

発音のポイント

/k/ に対する有声音です。喉の奥から「グッ」と発音してみましょう。gem や gym など，e や i/y の前では「ヂ」と読むこともあります。

書き方

a と同じように書き始め，基線を突き抜けたら釣り針のように左に曲げます。「グラムの g」と覚えるのも方法です。

同じ発音を含む単語

get：得る　got：get の過去・過去分詞
god：神　gum：ガム　*gem：宝石
*gym：体育館　gun：銃　gap：割れ目

Tips！

page：ページ，change：変わる，orange：オレンジ などの g は「ヂ」と読み，e は発音されません。

---

q

Name：キュー
Sound：ク

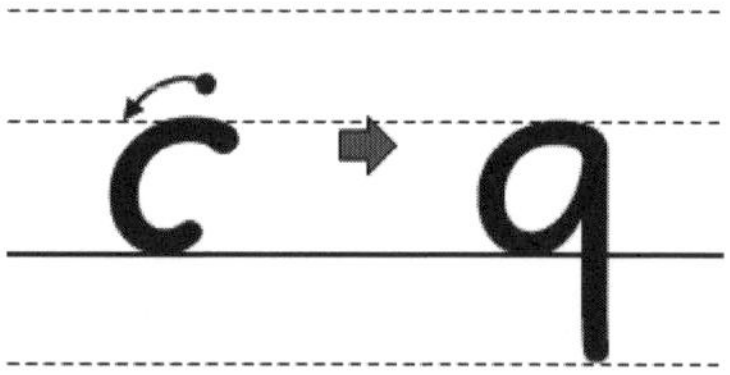

クルッとまわって地下室にたて棒 キュー

発音のポイント

q は c や k と同じように喉の奥から「ク」と発音します。q はいつも u といっしょに用い，「クゥ」のように発音します。

書き方

大文字の斜線が，ベースラインの下に伸びた字形です。p との混同を防ぐには「数字 9 に似ているね」とするのも方法です。

同じ発音を含む単語

quiz：クイズ　quit：やめる　quick：素早く
quack：鳴く　quest：探求
question：質問　queen：女王
quiet：静かな　quite：かなり

Tips！

quiz などは「クゥィズ」とするだけで英語らしくなります。/k/ に，唇を丸く突き出して /w/ を添えて言ってみましょう。

Worksheet

g・qの練習ワーク どこか似ている文字

年　　　組　　名前

G g

なまえ　：ヂー
よみ　　：グ / ヂ

クルッとまわってちかしつに
つりばり　ヂー

G ➡ G ➡ g

―線の上下一段（だん）を使って書きましょう。

1 なぞってみよう

g g g g

2 書いてみよう

Q q

なまえ　：キュー
よみ　　：ク

クルッとまわってちかしつに
たてぼう キュー

Q ➡ Q ➡ q

数字の９にも似ていますね。

1 なぞってみよう

q q q q

2 書いてみよう

Column ■の中に文字を書いてみよう

A ■ C ■ E ■ G

■ I ■ K ■ M ■

O ■ Q ■ S ■ U

V ■ X ■ Z

■ b ■ d ■ f ■ h i ■ k l ■ ■

■ p q ■ ■ t ■ ■ ■ ■ y ■

a ■ c ■ e ■ g ■ ■ j ■ ■ m n

o ■ ■ r s ■ u v w x ■ z

Chapter 4

ローマ字のタイピング練習ワーク

一石三鳥 タイピング練習

1 英語のつまずき もう一つの理由：並べかえると安くなる果物は？

アルファベットはシンプルだからこそ難しい…と，お話しました。しかしそれ以上に多くの子どもたちが直面するのが，次のような「音の足し算・引き算（音韻操作）」の困難です。

t + ea = tea：お茶 / t + ea + ch = teach：教える / teach − t = each：各自の

reach：達する ⇔ breach：違反 ⇔ beach：浜

「どうしてこれが難しいの？」という方も多いかと思います。たしかに，特に練習をしなくてもすんなりとできる子もいます。しかし大人でも英語が得意でないという方は，英単語がこのようにして成り立っていることに十分に気がつかずにいたり，または音を加えたり削ったりといった操作がスムーズにできないでいることが多いようです。

例えば，breach：違反 はなじみが薄い語かもしれません。しかし beach はカタカナ語でもおなじみです。これに r を加えただけですから「音の足し算」に慣れた方なら，習っていないとか，忘れてしまったなどということもなく簡単に読み書きできるはずです。ですが，日本中の街を行く人に breach を単独で見せたとき，すぐに読める人はどのくらいいるでしょう？ reach と beach をヒントとして添えたら，正しく読める人はどのくらい増えるでしょうか？ これは日本人の英語力を象徴するトピックの１つだと言っても差し支えないと思います。

そこでもう１つ，英語なぞなぞを出題させていただきたいと思います。

Q：並べかえると安くなる果物は何でしょう？

すぐには答えが浮かばなくても，英語で「安い」は…と，言えば多くの方が「なるほど！」となるはずなのですが，英語が得意でないという方ですぐにわかる方は多くはありません。紙面に文字で cheap と書いたものを見ていただけばわかりやすいと思うのですが，音で単語を聞いただけでは「わかりません」という方がかなりの割合でいます。

以前，ある教育委員会に招かれたとき，指導主事のお一人（たしか数学の先生だったと思います）は「cheap を並べかえれば peach：桃 になります」と，講演会の後で改めて紙に書いて説明しても釈然としない顔をされていました。

ch + ea + p = cheap →前後を並べかえれば→ p + ea + ch = peach

2 「音の足し算」に慣れる

「英語では点数が取れなかったので，それ以外の教科で点数をかせいでいた」という方は，みなさんの周りにもいらっしゃると思います。先ほどの先生も，英語では大変苦労されたそうです。そのような優秀な方でも「音の足し算・引き算（音韻操作）」を苦手とするのですから，入門期の子どもたちには次のような練習に十分な時間を割くことをお勧めします。ただ頭でわかっているというだけでなく，音を加えたり，削除したり，入れ替えたりといった操作が，抵抗なくスムーズにできるようにしたいところです。

h + at = hat / hat - h = at　　h + it = hit / hit - h = it

tea：お茶 ⇔ team：チーム ⇔ steam：蒸気 ⇔ seam：縫い目 ⇔ sea：海

お気づきかもしれませんが，ここで取り上げた単語の多くはカタカナ語としてもよく見聞きするものではないでしょうか？ seam も「ツーシーム：２本の指を縫い目にかけて投げる球」または「シームレス：縫い目がない」と言えば，聞き覚えはないでしょうか？ 小学高学年ともなれば，「テレビ」などの和製英語は除くという条件付きでも，多い子では優に1,000語～2,000語以上のカタカナ語を獲得していると思われます。「音の足し算・引き算」に慣れるということは，これらを英語として生かせるようになるということでもあります。

しかし，その練習時間が十分に確保できないという声も耳にします。この練習に関しては，すぐにできる子とそうでない子の差が大きいこともすでに述べました。学習能力全般においては特に遅れがないにもかかわらず，h + it を「ハイット」といって音の合成がうまくできない子，「hit から h を取ったら？」と聞くと固まってしまう子もいます。苦手な子ほどしっかり反復練習をさせたいところですが，子どもたちからすれば「苦手なことはやりたくない」「楽しくない」ということにもなりかねません。

そんなときに有効なのが，ローマ字入力によるタイピング練習です。これなら多くの子が楽しく練習に取り組めます。言うまでもなくタイピングは，それ自体がとても大切なスキルです。手で書くことを苦手とする子ならなおさらです。

3 ローマ字は「英語学習の妨げ」？

一方で，「ローマ字は英語学習の妨げになる」という意見があります。たしかにマイナス面がないとは言えません。しかし比べてみれば，プラスになることのほうがはるかに多いことは間違いありません。

マイナス面の1つとしてあげられるのが，発音の問題でしょう。しかしローマ字を習っていようがいまいが，子どもたちは milk を「ミルク」と発音します。それはそれで，「milk の l はゥ，ミゥクまたはメックのように…」などとポイントを具体的に示して実際の音声を聞かせれば，発音はたちまちに改善されます。ネィティブの発音を聞く機会が少なかった時代に育った世代と，現代の子どもたちとでは適応力に明らかな違いがあります。

ローマ字を教えると，but：しかし を「ブット」，shout：叫ぶ を「ショート」などと読み間違えるという意見もあります。しかしもしローマ字を習わなければ，間違える以前にまったく読めないということになります。次のような語を読み書きしようとするとき，ローマ字に慣れ親しんでいた場合とそうでない場合とではどちらが有利でしょうか？　ローマ字を通じて，音を加えたり，削除したり，入れ替えたりすることに慣れていた場合とそうでない場合とでは，どちらが効率的に英語学習を進められるでしょうか？

out：外に ⇔ shout：叫ぶ ⇔ scout：偵察する ⇔ spout：吹き出す ⇔ sprout：芽
short：短い ⇔ sort：種類 ⇔ port：港 ⇔ sport：スポーツ ⇔ support：支える
but：しかし ⇔ butter：バター ⇔ utter：発する ⇔ shutter：雨戸 ⇔ shut：閉じる

「林」は一文字で「はやし」であって，「木」と「木」で「は・やし」でもなければ「はや・し」でもありません。多かれ少なかれ象形文字としての面影を残す漢字を含む文を読むときと，アルファベットによってつづられた文を読むときとでは，脳の使い方に違いがあるという報告もあります。私が出会った中には，「ha」や「hi」を「林」と同じように偏と旁（つくり）として，または1つの画像として捉えている子もいました。これは極端だとしても，漢字かな交じり文の読みに慣れた私たちの脳に「くせ」のようなものがあるとしたら，私たちには私たちなりの英語の学び方があって然るべきだとも考えられます。過去の研究でも，日本の子どもたちが「音の足し算・引き算（音韻操作）」を苦手としがちであること，それが（おそらくはローマ字を習ったことで）小学高学年に伸び始めることなどが報告されています。

以前，国立研究開発法人が主催したシンポジウムで「英語教育改革を進めるためには何から？」と問われた大学教授（たしか脳科学がご専門でした）が，「ローマ字を追放することからでしょう」と発言されていたのを覚えています。しかしローマ字はタイピング以外でも，道路の案内標識などで地名が漢字とローマ字で示されるなど，もはやくらしに欠かせないものになっています。「英語学習の妨げになる」という理由で，私たちの生活からローマ字を締め出し，子どもたちにはそれを教えないというのはどう考えても不合理です。

もちろん but などの u は「ア」，out などの ou は「アゥ」と発音されるなど，ローマ字との違いは違いとして伝えることは必要です。しかし「下」を「下校（げこう）」「下降（かこう）」「下手（しもて）」「足下（あしもと / そっか）」「下（くだ）り」などと読み分けていることを考えれば，それを覚えるのも決して不可能なこととは思われません。

4 タイピング練習は一石三鳥

章の冒頭に「一石三鳥」と記したように，ローマ字入力によるタイピング練習には，同時に3つの効果を期待できます。

○アルファベットに慣れ親しむ
○ローマ字を通して，「音の足し算・引き算」に慣れ親しむ
○より素早く，正確にタイピングできるようにする

多くのキーボードには大文字が刻印されていますが，これをそのままタイプすれば画面には小文字が表示されます。タイピングは，b / d / p / q を混同するなど比較的難易度が高い小文字を，日本の子どもたちにとってより親しみやすい大文字と関連づけながら練習できる点において有効です。

さらに次のような語のタイピング練習は，音韻的気づき（Phonological Awareness）を促し「音の足し算・引き算」に慣れ親しむ上で有効です。

あく：aku　　やく：yaku　　たく：taku　　さく：saku　　らく：raku

これをいきなり英語で行うと hit / fit / pit や pit / pet / pat など音素の聞き分けで混乱する子もいます。まずはローマ字表記で「音の足し算・引き算」に慣れ，その経験を英語学習にも生かせるようにする。すなわちスモールステップを踏むということからも，ローマ字タイピングの練習は有効です。

最後になりましたが，キーボード・タイピングのスキルが今後さらに重要となることは言うまでもありません。特に書字に困難を示す子には，これまでの筆記用具の代わりにキーボードを用いることで困難を回避，軽減することも可能となります。

タイピング練習の手引き

〈1〉ホームポジションを確認する

手もとを見ずに入力できるようにするために，まずはホームポジションを確認し，決まったキーを決まった指で打てるようにしましょう。しかし手先が器用でない子に，これを強いるとマイナスになることもあります。まずはワークシート上で練習するなど，スモールステップを踏んで無理のない範囲での練習にとどめましょう。

① A / S / D / F のキーの上に，左から順に小指，薬指，中指，人差し指を置きます。キーボードを使って練習する場合には，F キーに基準点を示す突起があることを確認します。ワークシートを利用する場合は，F の位置に小さく穴をあけるなどしましょう。
② A → S → D → F，さらに人差し指を伸ばして G の順でタイプします。キーボードから指を浮かせないようにして，A / S / D / F / G と言いながら練習しましょう。
③ これに慣れたら４本の指をそのまま左上にずらして，Q / W / E / R / T，次は４本の指を右下にずらして Z / X / C / V / B をタイピング練習します。
④ J キーにある基準点を確認したら，右手も同じように練習しましょう。

〈2〉50音を順番にタイプする

① ワークシートを使って，まずは「ア行」，続いて「カ行」「サ行」と順番にタイピング練習をしましょう。
② 語のタイピングでは，文字がどのように入れ替わっているかに注目し，「音の足し算・引き算」を意識させながら練習しましょう。
③ 慣れてきたら，実際にキーボードを使ってタイピングしてみましょう。

● E キーには平がなで「い」とあることもあってか，「せみ：semi 」と「しめ：sime 」を混同する子もいます。本冊のワークシート上のキーボードイラストでは，余分な情報は削除し必要な情報に集中できるようにしています。

● 実際にキーボードを使ってタイピングする場合は，E / U / I / O / A のキーにシールを貼るなどして，子音と母音の足し算を意識できるようにしましょう。

● アルファベットのキーボード配列にも様々な種類がありますが，ここでは広く使われている「 QWERTY 配列」をもとに説明しています。

Worksheet

ホームポジションをたしかめよう

Q W E R（T）（Y）U I O P

A S D F（G）（H）J K L ＋

Z X C V（B）（N）M < > ?

Worksheet

タイピングしてみよう　ア行

5つの文字を打てるようになったら，下の語もタイピング練習してみましょう。

あ a　い i　う u　え e　お o

あい　いえ　うえ　おう　あおい

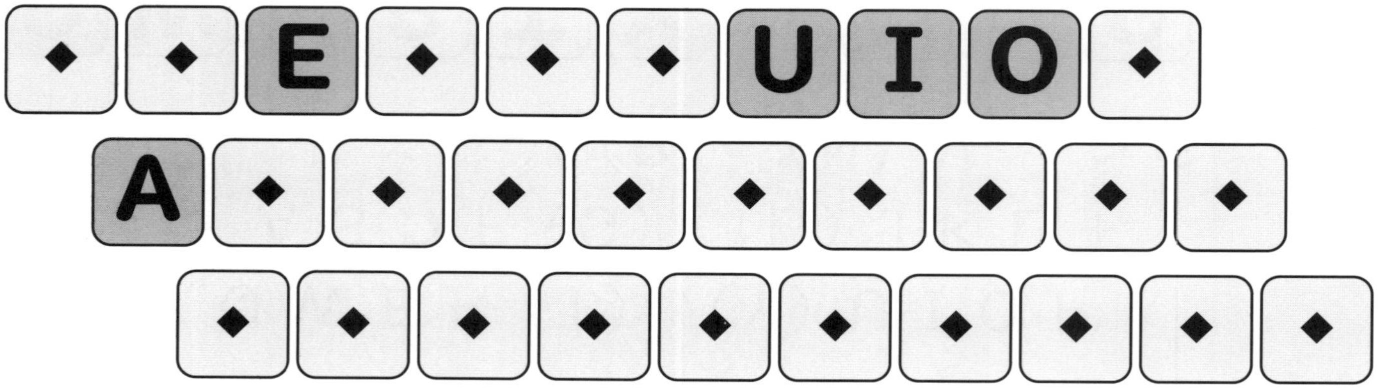

ai　ie　ue　ou　aoi

Worksheet

タイピングしてみよう　カ行

5つの文字を打てるようになったら，下の語もタイピング練習してみましょう。

か ka　き ki　く ku　け ke　こ ko

かけ　かこ　こけ　きく　くき

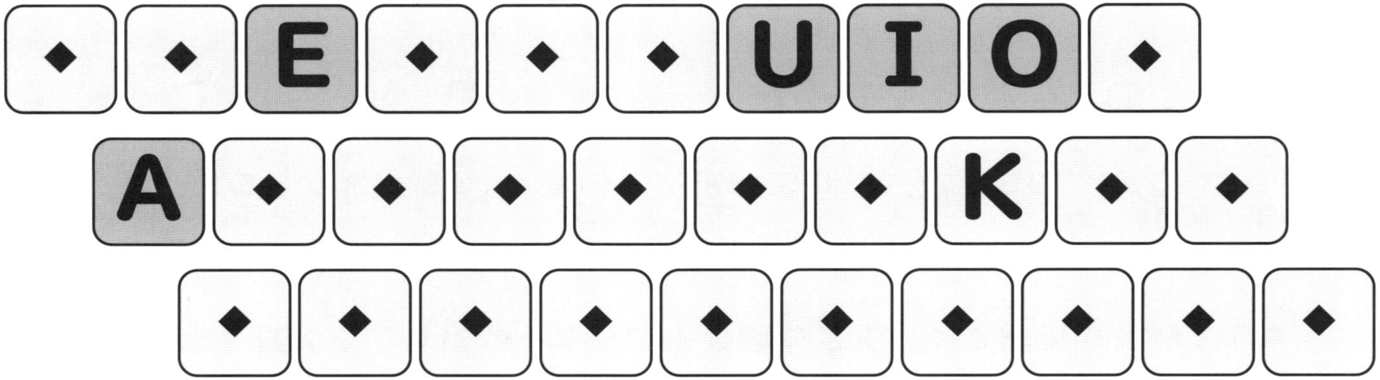

kake　kako　koke　kiku　kuki

Worksheet

タイピングしてみよう　サ行

５つの文字を打てるようになったら，下の語もタイピング練習してみましょう。

さ sa　し shi (si)　す su　せ se　そ so

ささ　すし　すそ　しせい　そせい

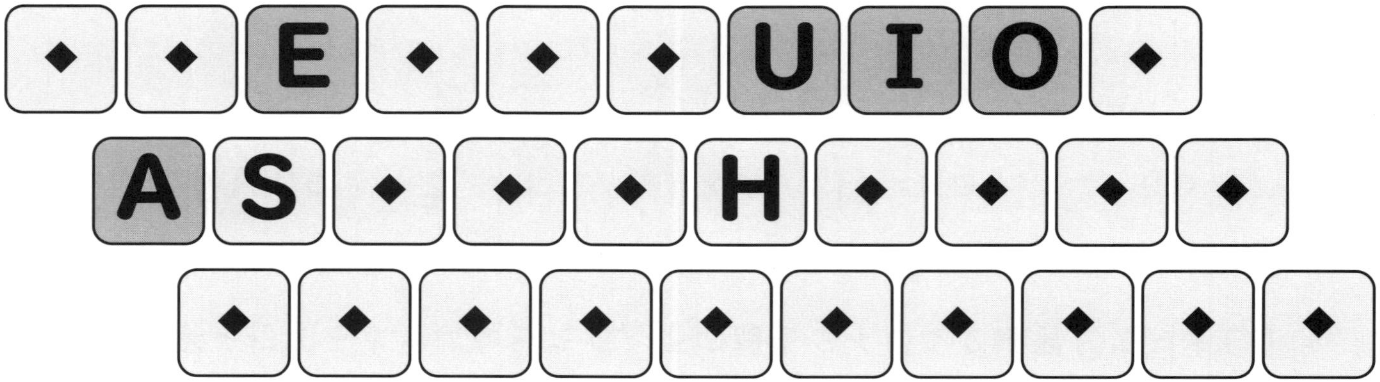

sasa　sushi　suso　shisei　sosei

Worksheet

タイピングしてみよう　タ行

５つの文字を打てるようになったら，下の語もタイピング練習してみましょう。

た ta　ち chi (ti)　つ tsu (tu)　て te　と to

たて　たつ　てつ　つち　とち

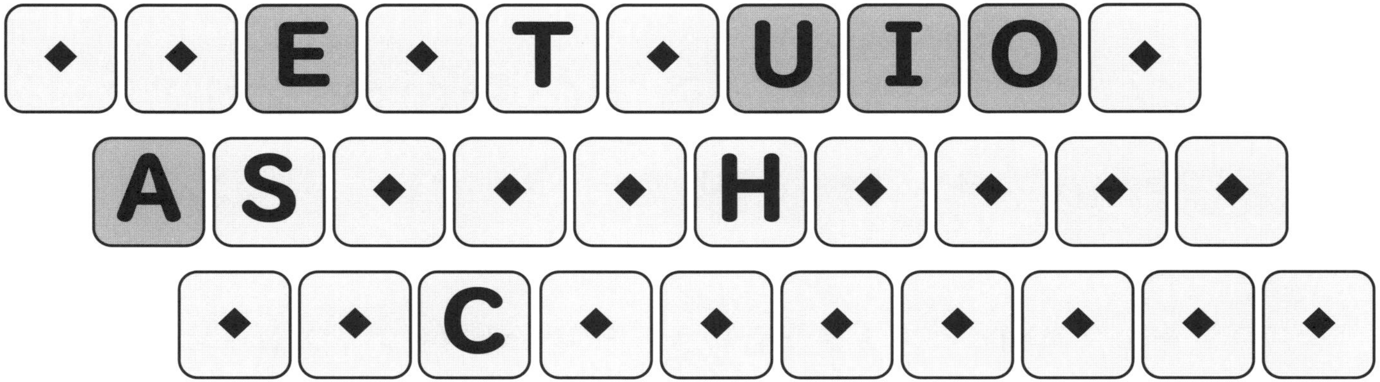

tate　tatsu　tetsu　tsuchi　tochi

Worksheet

タイピングしてみよう　ナ行

５つの文字を打てるようになったら，下の語もタイピング練習してみましょう。

な na　に ni　ぬ nu　ね ne　の no

なに　ぬの　のんき　にんき　ねんき

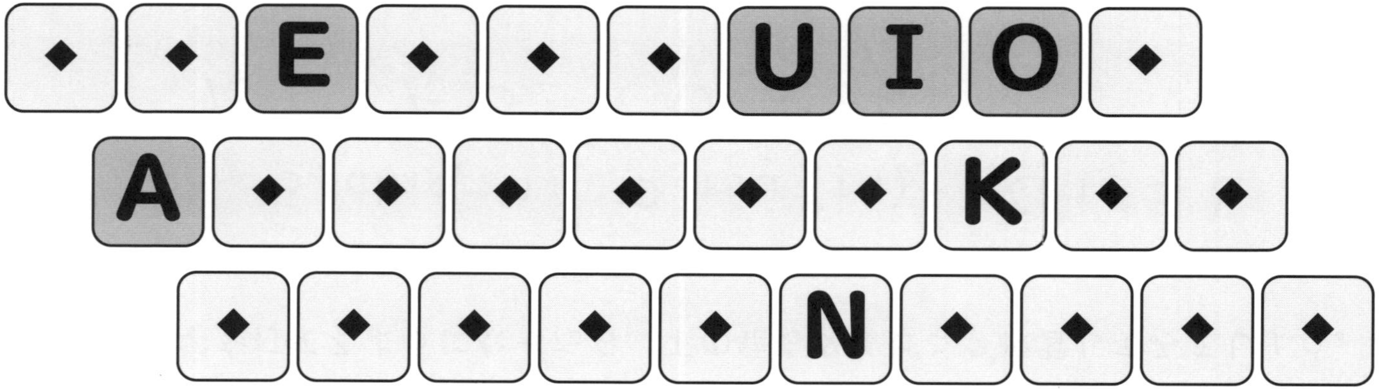

nani　nuno　nonki　ninki　nenki

Worksheet

タイピングしてみよう　ハ行

５つの文字を打てるようになったら，下の語もタイピング練習してみましょう。

は ha　ひ hi　ふ fu (hu)　へ he　ほ ho

はは　ほほ　ひふ　ふへい　ほへい

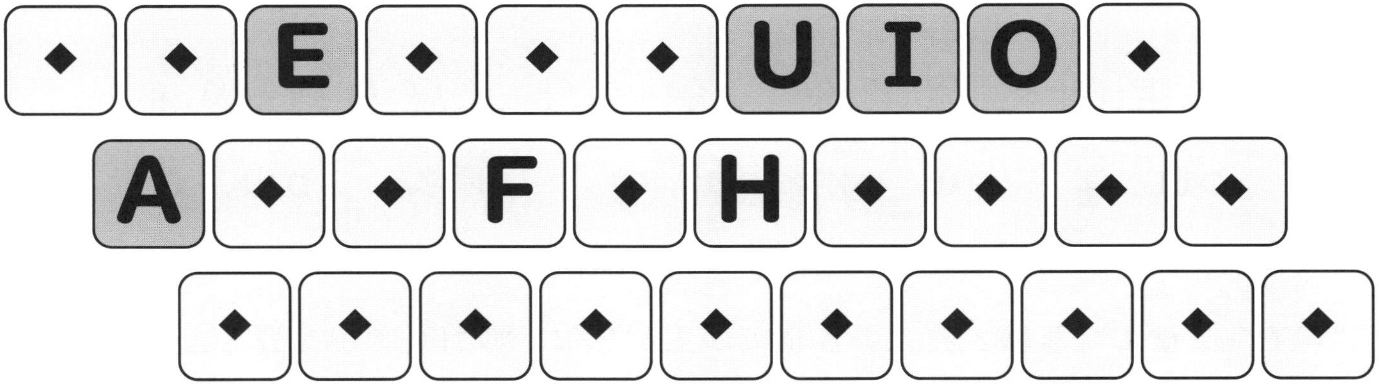

haha　hoho　hifu　fuhei　hohei

Worksheet

タイピングしてみよう　マ行

５つの文字を打てるようになったら，下の語もタイピング練習してみましょう。

ま ma　み mi　む mu　め me　も mo

まめ　もむ　むいみ　みまい　めまい

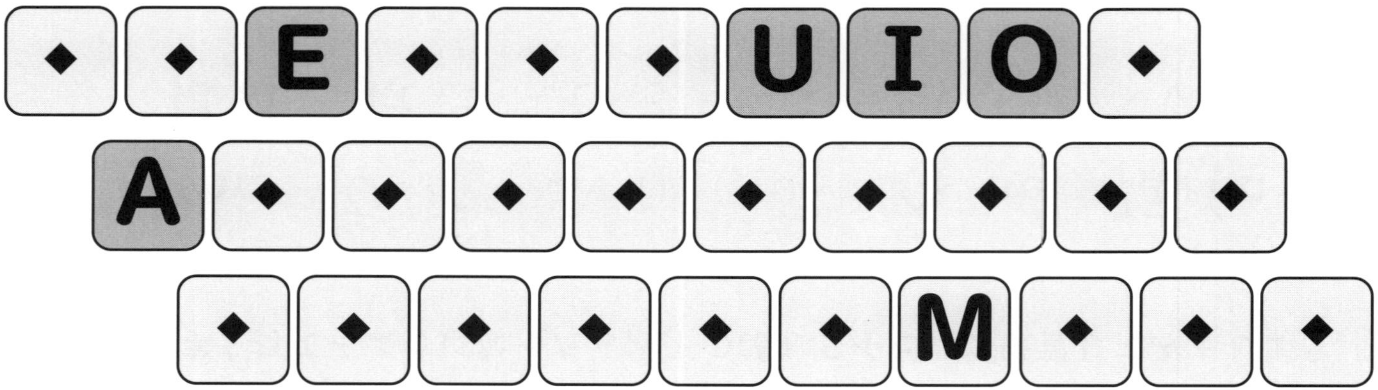

mame　momu　muimi　mimai　memai

Worksheet

タイピングしてみよう　ヤ行・ワ行

５つの文字を打てるようになったら，下の語もタイピング練習してみましょう。

や ya　ゆ yu　よ yo　わ wa

やゆ　やよい　よわい　よゆう　わよう

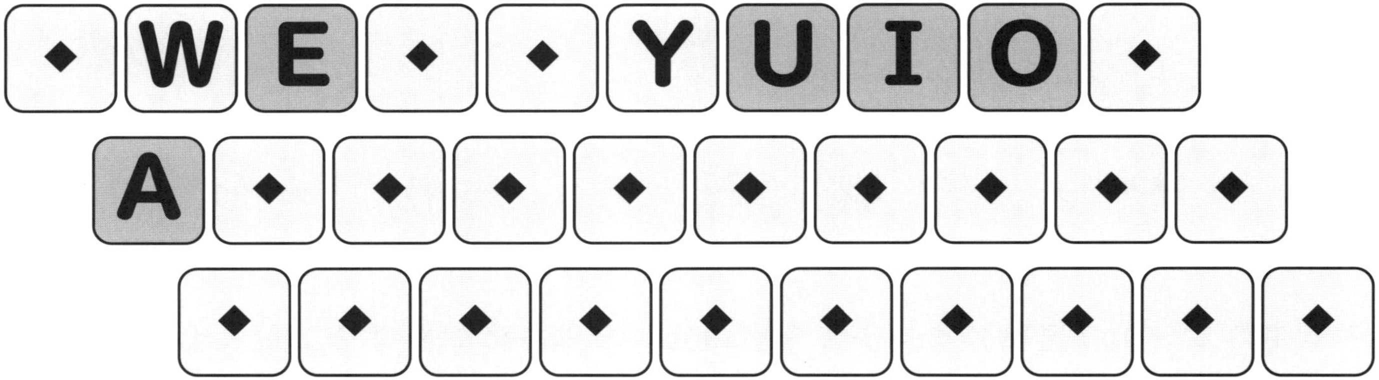

yayu　yayoi　yowai　yoyuu　wayou

Worksheet

タイピングしてみよう　ラ行

５つの文字を打てるようになったら，下の語もタイピング練習してみましょう。

ら ra　り ri　る ru　れ re　ろ ro

るり　いろ　いろり　いれる　あられ

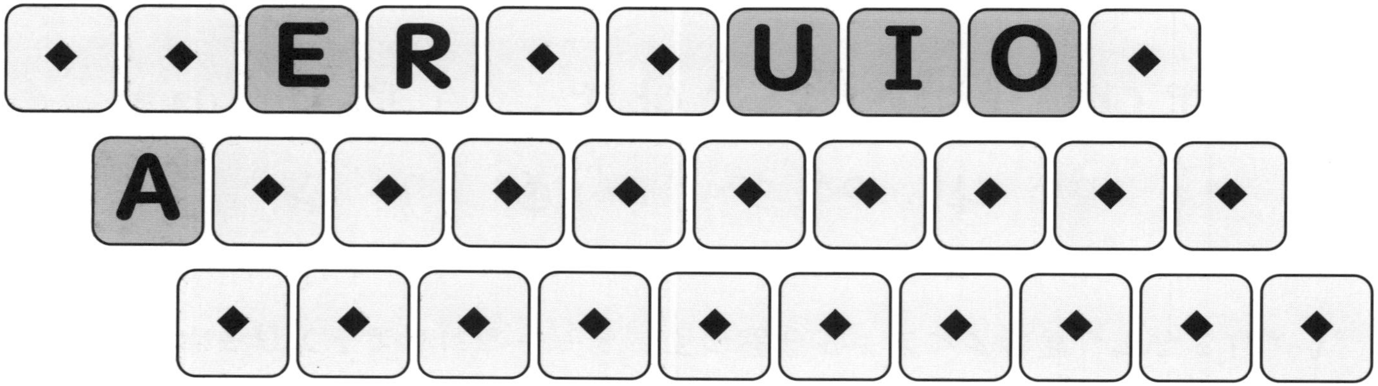

ruri　iro　irori　ireru　arare

Worksheet

タイピングしてみよう　ガ行

５つの文字を打てるようになったら，下の語もタイピング練習してみましょう。

が ga　ぎ gi　ぐ gu　げ ge　ご go

きぎ　かげ　がけ　こぐ　こくご

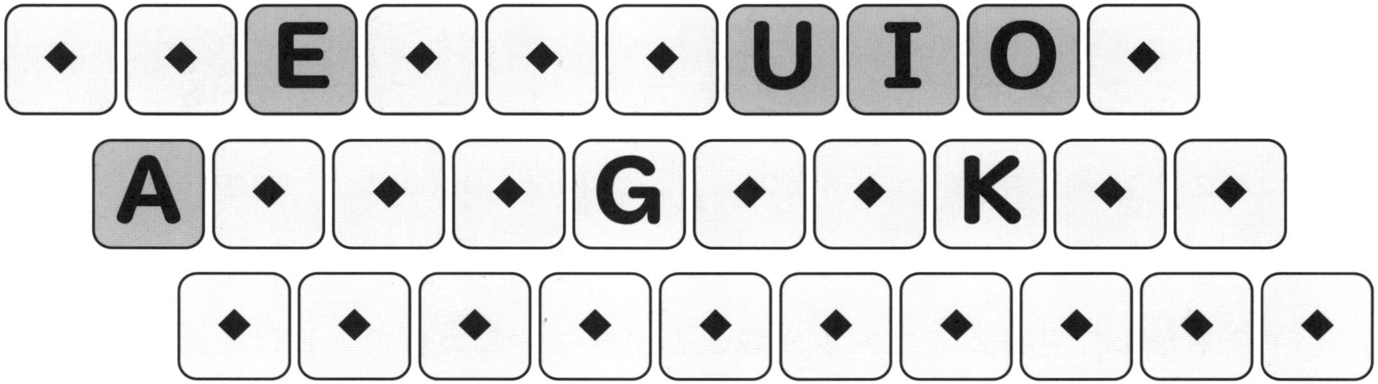

kigi　kage　gake　kogu　kokugo

Worksheet

タイピングしてみよう　ザ行

5つの文字を打てるようになったら，下の語もタイピング練習してみましょう。

ざ za　じ ji (zi)　ず zu　ぜ ze　ぞ zo

すず　じぞう　せんざい　ぜんさい

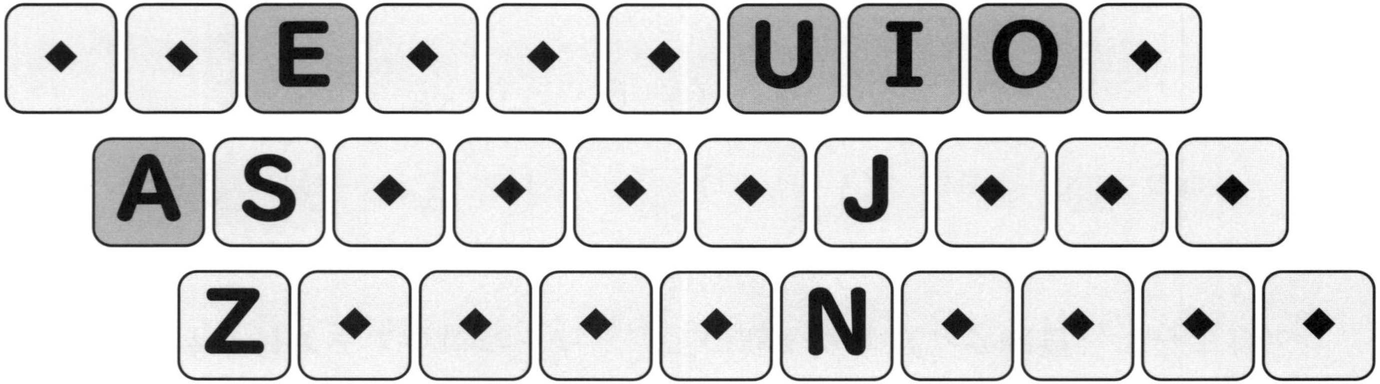

suzu　jizou　senzai　zensai

Worksheet

タイピングしてみよう　ダ行

５つの文字を打てるようになったら，下の語もタイピング練習してみましょう。

だ da　ぢ di　づ du　で de　ど do

ただ　とど　ちぢむ　つづみ　でまど

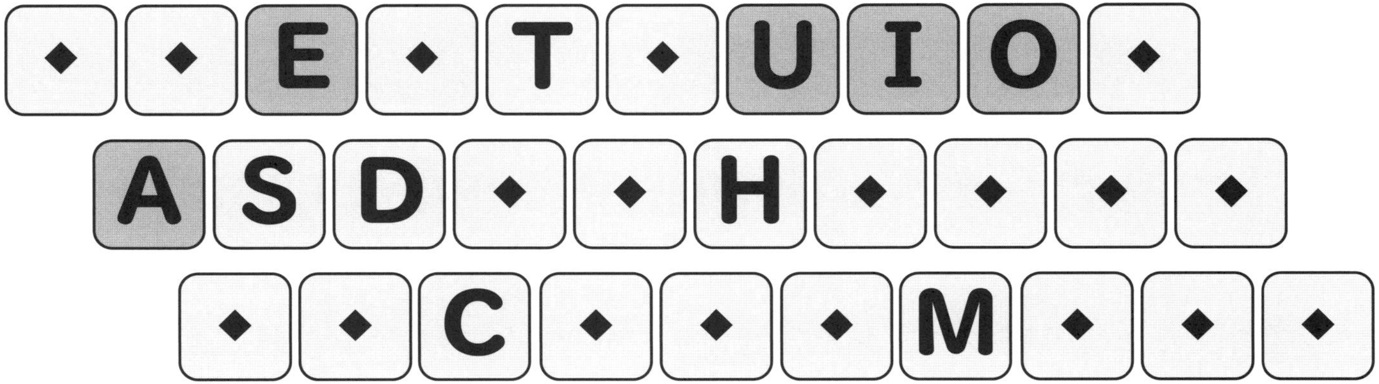

tada　todo　chidimu　tsudumi　demado

Worksheet

タイピングしてみよう　バ行

５つの文字を打てるようになったら，下の語もタイピング練習してみましょう。

ば ba　び bi　ぶ bu　べ be　ぼ bo

はば　ひび　ほぼ　ふべん　ぶんぼ

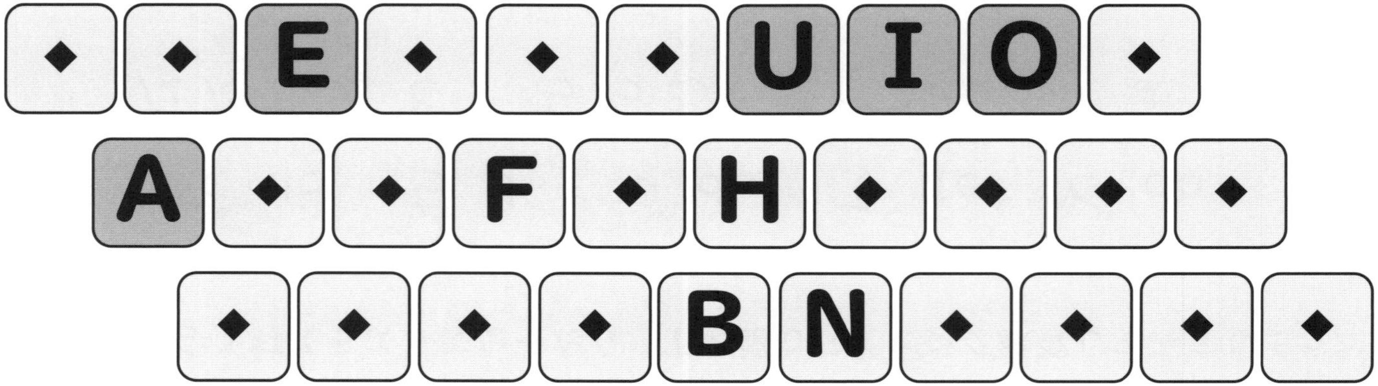

haba　hibi　hobo　fuben　bunbo

Worksheet

タイピングしてみよう　パ行

５つの文字を打てるようになったら，下の語もタイピング練習してみましょう。

ぱ pa　ぴ pi　ぷ pu　ぺ pe　ぽ po

へんぴ　ひんぷ　ほんぽ　はんぱ　はんぺん

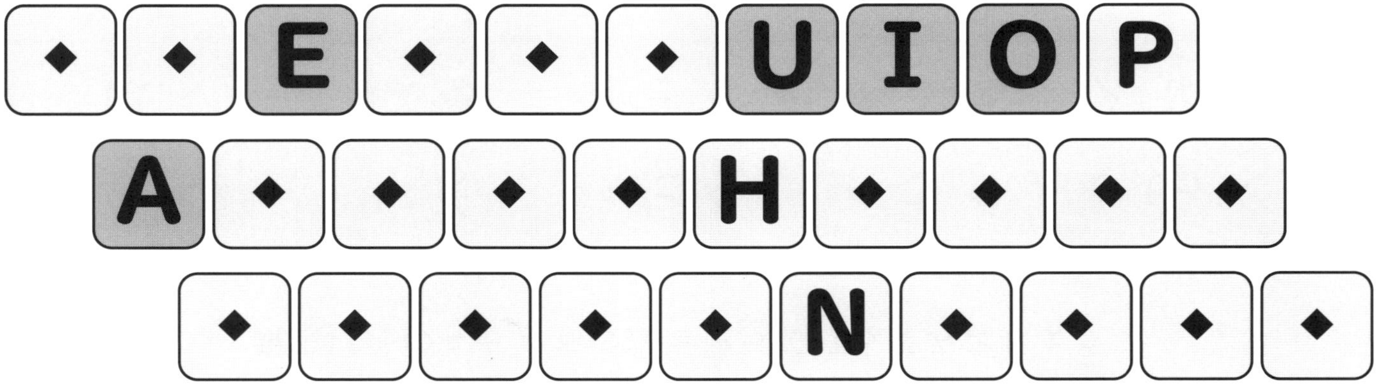

henpi　hinpu　honpo　hanpa　hanpen

Worksheet

タイピングしてみよう　応用編 (A+U)

親指以外の４＋４本の指を使って打ってみましょう。

あく	やく	たく	さく	らく
はく	はる	さる	ざる	まる

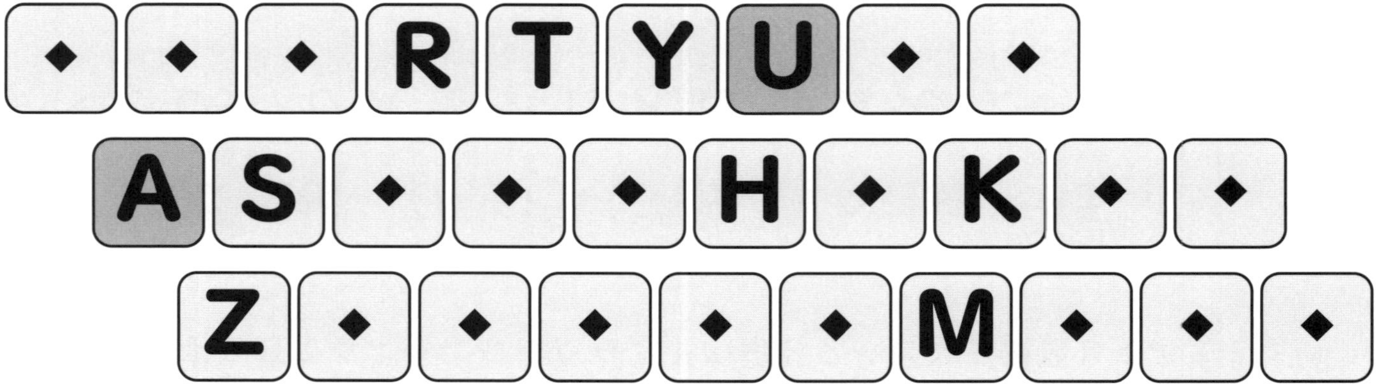

aku　yaku　taku　saku　raku
haku　haru　saru　zaru　maru

Worksheet

タイピングしてみよう　応用編 (I+O)

親指以外の４＋４本の指を使って打ってみましょう。

いと　にと　ひと　しと　しも

ひも　きも　きよ　みよ　ちよ

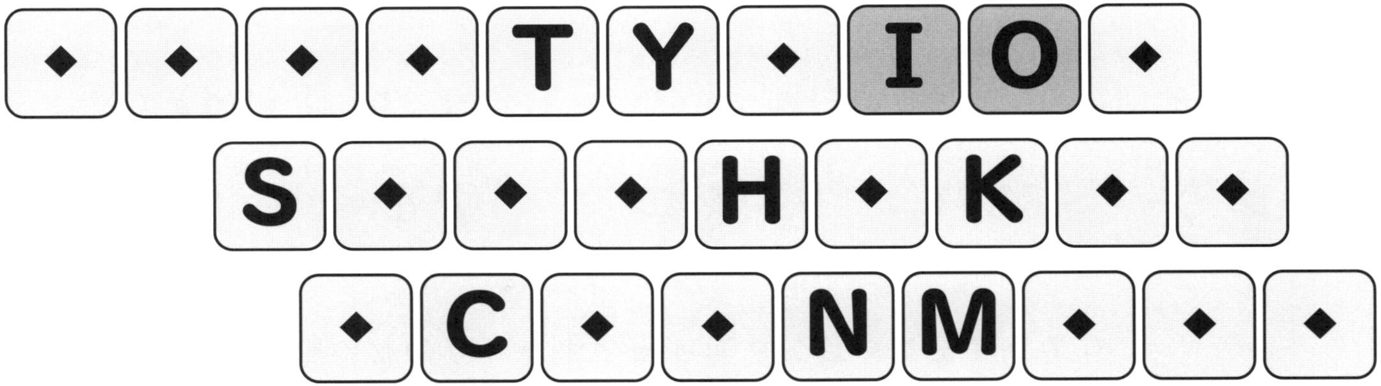

ito　nito　hito　shito　shimo

himo　kimo　kiyo　miyo　chiyo

Worksheet

タイピングしてみよう　応用編 (U+E)

親指以外の４＋４本の指を使って打ってみましょう。

うめ	ゆめ	つめ	つれ	くれ
むれ	むね	ふね	ふで	すで

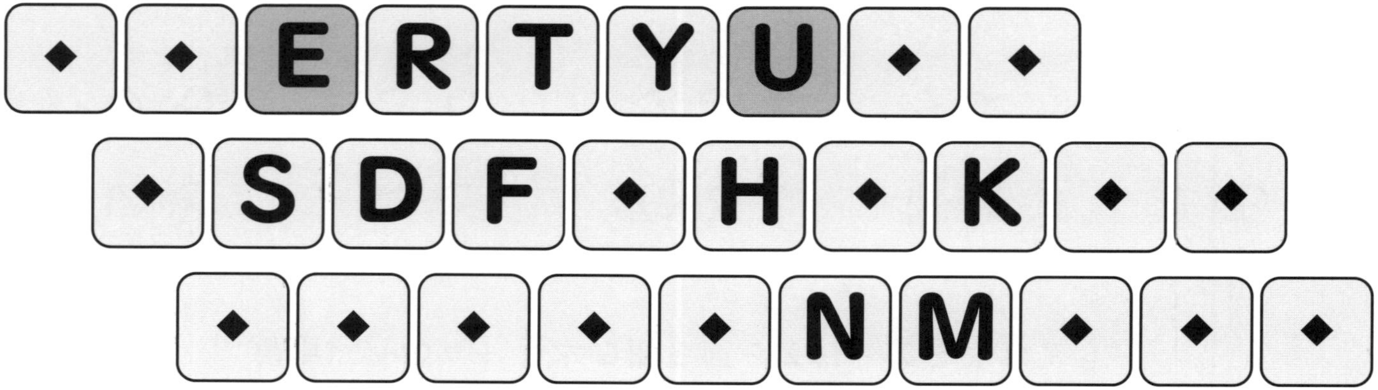

ume　yume　tume　ture　kure
mure　mune　fune　fude　sude

Worksheet

タイピングしてみよう　応用編 (E+I)

親指以外の４＋４本の指を使って打ってみましょう。

えみ	せみ	せり	へり	てり
てき	でき	べき	べに	ぜに

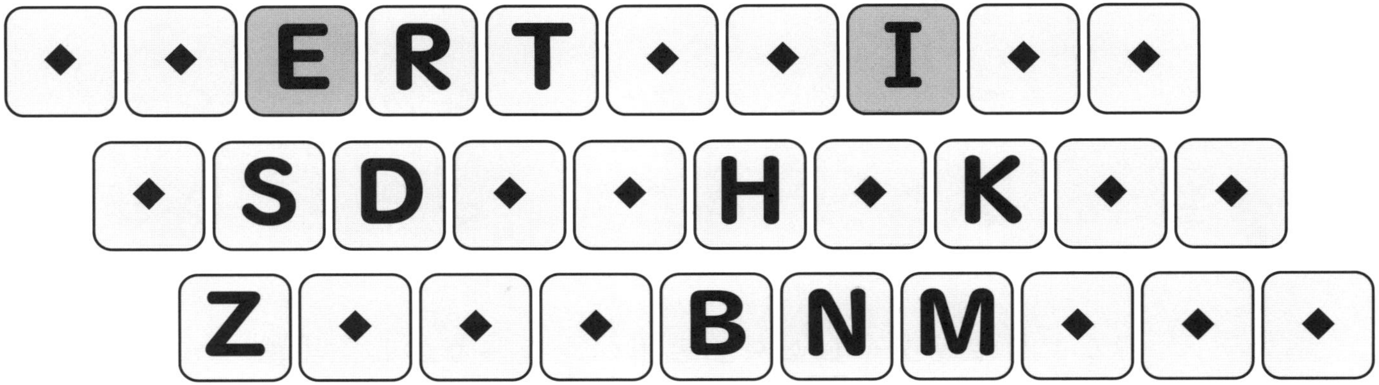

emi　semi　seri　heri　teri
teki　deki　beki　beni　zeni

Worksheet

タイピングしてみよう　応用編 (O+A)

親指以外の４＋４本の指を使って打ってみましょう。

おや	もや	ぼや	こや	ほや
ほら	のら	そら	そば	ろば

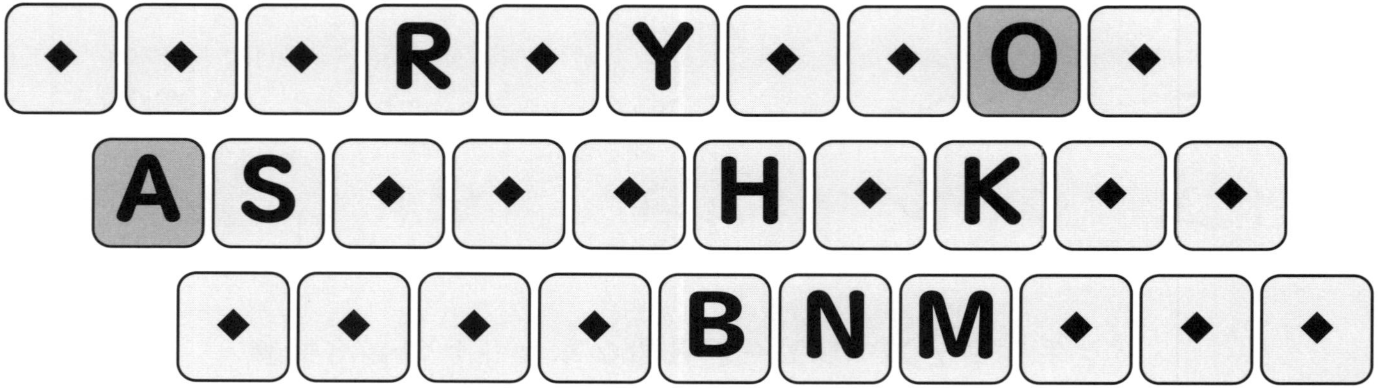

oya	moya	boya	koya	hoya
hora	nora	sora	soba	roba

Worksheet

タイピングしてみよう　発展編 A

親指以外の４＋ ４本の指を使って打ってみましょう。

なんばん　なんたん　わんたん　わんがん
だんがん　だんぱん　かんぱん　かんばん

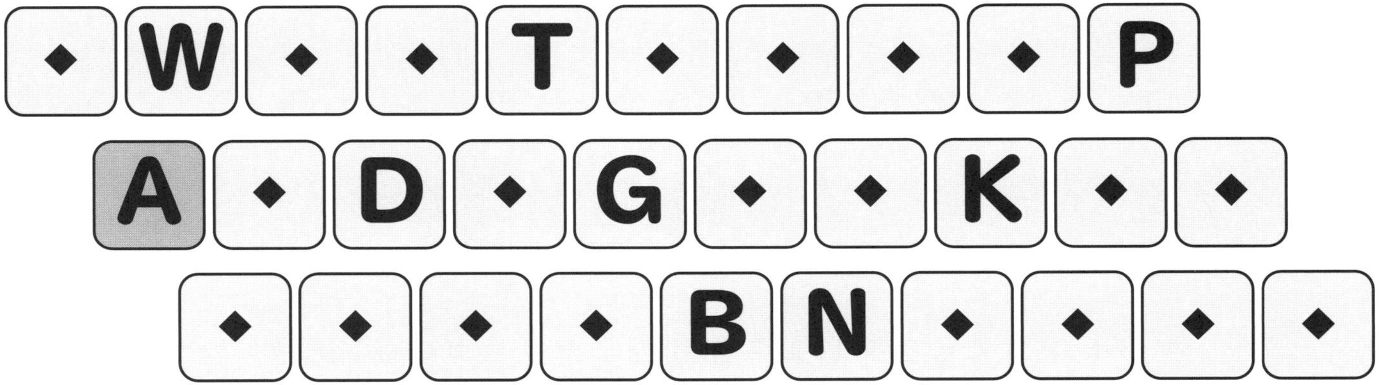

nanban　nantan　wantan　wangan
dangan　danpan　kanpan　kanban

Worksheet

タイピングしてみよう　発展編 I

親指以外の４＋４本の指を使って打ってみましょう。

びしん　びじん　じんぴん　ちんぴん
ちんぎん　きんぎん　きんりん　しんりん

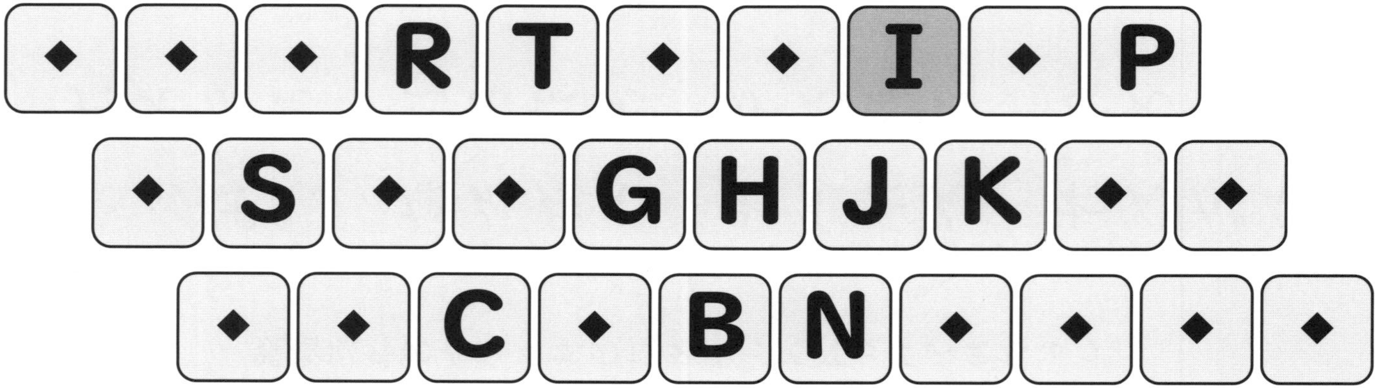

bishin　bijin　jinpin　chinpin
chingin　kingin　kinrin　shinrin

Worksheet

タイピングしてみよう　発展編 U

親指以外の４＋４本の指を使って打ってみましょう。

むすぶ　ぬすむ　ぬるむ　ゆるむ
ゆずる　ぐずる　くすぐる　くすぶる

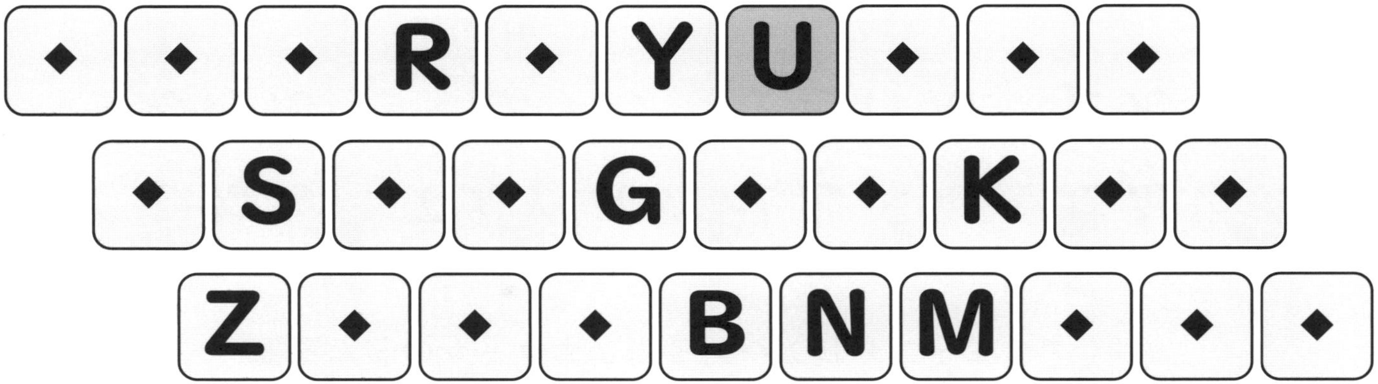

musubu　nusumu　nurumu　yurumu
yuzuru　guzuru　kusuguru　kusuburu

Worksheet

タイピングしてみよう　発展編 E

親指以外の４＋４本の指を使って打ってみましょう。

てんねん　てんぺん　せんぺん　せんげん
へんげん　へんけん　ぜんけん　ぜんねん

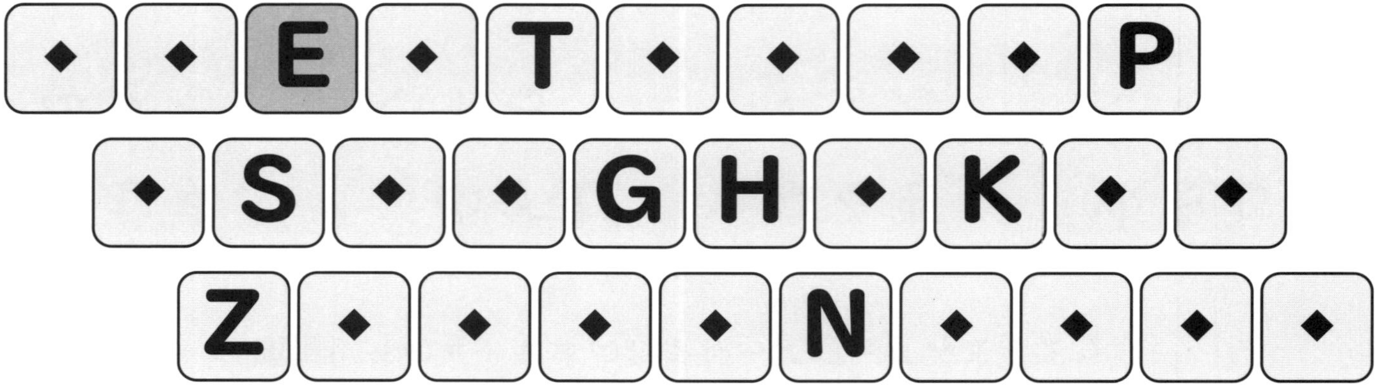

tennen　tenpen　senpen　sengen
hengen　henken　zenken　zennen

Worksheet

タイピングしてみよう　発展編 O

親指以外の４＋４本の指を使って打ってみましょう。

おんど　こんど　こんご　とんご
ろんご　ほんろん　ほんぞん　おんぞん

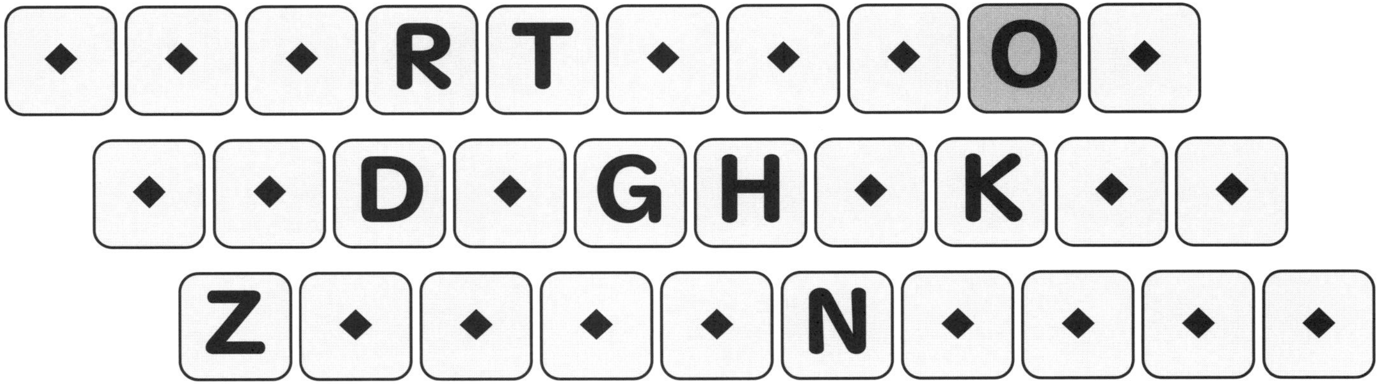

ondo　kondo　kongo　tongo
rongo　honron　honzon　onzon

【著者紹介】

小野村　哲（おのむら　さとし）

1960年東京都生まれ。NPO 法人リヴォルヴ学校教育研究所初代理事長。つくば市教育委員会教育委員（2016年12月～）。
大学卒業後，茨城県つくば市内の公立中学校に英語教諭として勤務し，文部省全国研究指定校中間報告会にて代表発表，茨城県教育研修センター英語科教育講座講師を務める。
1999年4月，39歳で退職後，NPO 法人リヴォルヴ学校教育研究所を立ち上げ，不登校児童生徒や学習につまずきがちな子どもたちの支援にあたる他，講演活動を行っている。

■主な著書

長年の実践と研究の成果を盛り込んだ「もじのかたちをとらえるためのひらがなれんしゅうちょう」「よめるかける ABC 英語れんしゅうちょう」（いずれもリヴォルヴ学校教育研究所）等の教材は，全国各紙でも取り上げられるなど注目を集めている。「あいうえお・ABC なぜ，どこが むずかしい？ どうしたら読み書きできる？－読み書き困難の疑似体験と具体的な指導の手立て－」「不登校の心に寄り添い 育ち・学びを支えるために－私たちが行ってきたこと みんなでいっしょに考えたいこと－」などの冊子も NPO 法人リヴォルヴ学校教育研究所 HP で紹介している。

URL　http://rise.gr.jp/

小学校英語サポートBOOKS

イラストと音で覚える

読み書きが苦手な子のためのアルファベットワーク

2020年11月初版第1刷刊　©著　者　小　野　村　哲

発行者　藤　原　光　政

発行所　明治図書出版株式会社

http://www.meijitosho.co.jp

（企画）木山麻衣子・小松由梨香（校正）丹治梨奈

〒114-0023　東京都北区滝野川7-46-1

振替00160-5-151318　電話03(5907)6702

ご注文窓口　電話03(5907)6668

＊検印省略　組版所　株式会社ライラック

Printed in Japan　ISBN978-4-18-330118-5